어휘가 독해다!

초등 한자 어휘

2단계

초등 1~2학년 권장

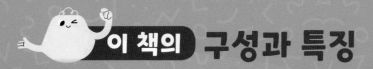
이 책의 구성과 특징

쑥쑥 어휘 실력!!
읽기 잡고 국어 잡고~

- 한자 어휘 공부를 통해 읽기와 국어 공부를 함께할 수 있습니다.
- 초등학교 교과서에 자주 나오는 한자 어휘를 학습할 수 있습니다.
- 쉽고 재미있게 한자 어휘를 공부할 수 있습니다.

어휘 소개하기   어휘 익히기

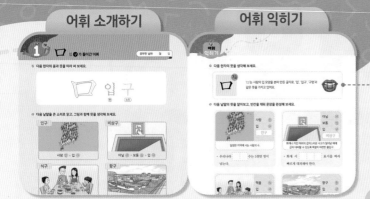

- 한자 어휘 공부를 하기 전에 그림으로 먼저 만나 보아요.
- 한자 어휘를 익히고 예문을 통해 문장에서 어떻게 쓰이는지 살펴보아요.

어휘 다지기   어휘 활용하기

- 문항을 통해 배운 어휘를 얼마나 이해했는지 확인해 보아요.
- 한자 어휘가 사용된 글을 읽고 독해 문제를 풀어 보아요.

어휘 굳히기   어휘 놀이터

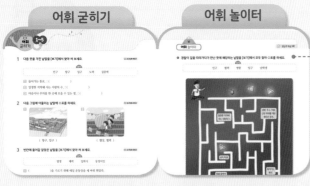

- 5일 차마다 앞에서 익힌 어휘를 다시 한번 확인하며 복습해 보아요.
- 다양한 활동을 통해 쉽고 재미있게 어휘 공부를 해 보아요.

정답과 해설   부록

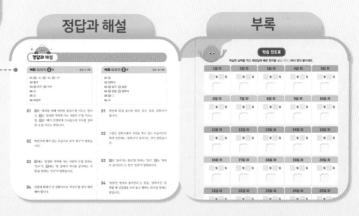

- 내가 풀어 본 문제들의 해설을 확인해 보아요.
- 학습 진도표에 붙임딱지를 붙여 학습 상황을 한눈에 확인해 보아요.

*EBS 초등사이트에서 한자 학습 부가 자료 다운로드 제공

차 례

인공지능 **DANCHOQ**
푸리봇 문|제|검|색

EBS 초등사이트와 EBS 초등 APP 하단의
AI 학습도우미 푸리봇을 통해 문항코드를
검색하면 푸리봇이 해당 문제의 해설 강의를
찾아 줍니다.

문제별 문항코드 확인

[241028-0001]
1. 아래 그래프를 이해한 내용으로 가장 적절한 것은?

241028-0001

문항코드 검색

口 입 구 가 들어간 어휘

● 다음 한자의 뜻과 소리를 따라 써 보세요.

입 구

뜻   소리

● 다음 낱말을 큰 소리로 읽고, 그림과 함께 뜻을 생각해 보세요.

인구

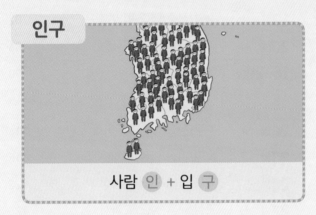

사람 인 + 입 구

비상구

아닐 비 + 보통 상 + 입 구

식구

먹을 식 + 입 구

항구

항구 항 + 입 구

○ 이미 알고 있는 낱말에 ✓표를 하세요.

☐ 인구 ☐ 비상구 ☐ 식구 ☐ 항구

○ 위 낱말마다 반복되는 글자를 찾아 붙임 딱지를 붙여 보세요.

붙임 딱지

붙임 딱지 활용

◉ 다음 한자의 뜻을 생각해 보세요.

7급

口

'口'는 사람의 입 모양을 본떠 만든 글자로, '입', '입구', '구멍'과 같은 뜻을 가지고 있어요.

◉ 다음 낱말의 뜻을 알아보고, 빈칸을 채워 문장을 완성해 보세요.

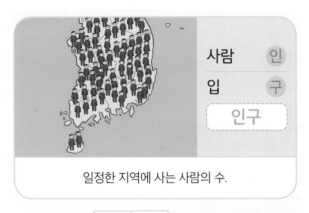

| 사람 | 인 |
| 입 | 구 |

인구

일정한 지역에 사는 사람의 수.

• 우리나라 [　][　] 수는 5천만 명이 넘는다.

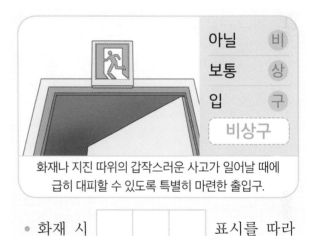

아닐	비
보통	상
입	구

비상구

화재나 지진 따위의 갑작스러운 사고가 일어날 때에 급히 대피할 수 있도록 특별히 마련한 출입구.

• 화재 시 [　][　] 표시를 따라 빠르게 대피해야 한다.

| 먹을 | 식 |
| 입 | 구 |

식구

한 집에서 함께 살면서 끼니를 같이하는 사람.

• 우리 집 [　][　] 는 모두 네 명이다.

| 항구 | 항 |
| 입 | 구 |

항구

배가 안전하게 드나들도록 강가나 바닷가에 부두를 설비한 곳.

• 부산은 우리나라의 대표적인 [　][　] 도시이다.

👆 **친절한 샘** '식구'의 비슷한 말로 친족 관계에 있는 사람들을 뜻하는 '가족'이 있어요.

👆 **친절한 샘** '부두'는 배를 대어 사람이나 짐이 육지로 오르내릴 수 있도록 만든 곳을 말해요.

1 다음 낱말의 뜻을 알맞게 선으로 이어 보세요.   241028-0001

1 비상구 •

2 인구 •

3 항구 •

• ㉠ 배가 안전하게 드나들도록 강가나 바닷가에 부두를 설비한 곳.

• ㉡ 화재나 지진과 같은 갑작스러운 사고가 일어날 때 급히 대피할 수 있도록 마련한 출입구.

• ㉢ 일정한 지역에 사는 사람의 수.

2 다음 그림을 보고, 알맞은 낱말을 써 보세요.   241028-0002

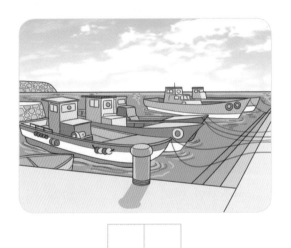

3 빈칸에 들어갈 알맞은 낱말에 ○표를 하세요.   241028-0003

1 전 세계 (인사, 인구)는 80억 명이 넘는다.

2 추석이라 오랜만에 온 (식구, 식사)가 한자리에 모였다.

4 다음 빈칸에 들어갈 알맞은 말은 무엇인가요? (   )   241028-0004

건물 안에 있을 때 불이 나면 가까운 ☐☐☐를 찾아 건물 밖으로 대피해야 한다.

① 인구   ② 가구   ③ 식구

④ 비상구   ⑤ 농기구

5~6 다음 글을 읽고, 물음에 답해 보세요.

> 인천광역시는 우리나라의 수도인 서울특별시의 서쪽에 위치한 대표적인 항구 도시예요. 인구는 약 300만 명이고 서울, 경기, 부산, 경남에 이어 우리나라에서 인구가 5번째로 많은 지역이에요. 인천광역시가 대표적인 항구 도시가 된 이유는 배를 이용하여 주변 나라들로 물건을 실어 나르거나 사람이 이동하기에 좋기 때문이에요. 그래서 인천항에 가면 커다란 배들이 항구에 서 있는 것을 볼 수 있어요. 식구들끼리 배를 타고 여행을 할 수도 있지요. 안전하고 즐거운 여행을 하기 위해서는 배를 타고 이동하기 전에 비상구의 위치를 반드시 확인하고, 구명조끼의 사용 방법을 익히는 등 안전에 특히 유의해야 해요.

5 '인천광역시'에 대한 설명으로 알맞지 <u>않은</u> 것은 무엇인가요? (   )

241028-0005

① 인구는 약 300만 명입니다.
② 우리나라의 대표적인 항구 도시입니다.
③ 서울특별시의 동쪽에 위치해 있습니다.
④ 인천광역시의 인구는 우리나라에서 5번째로 많습니다.
⑤ 인천광역시가 대표적인 항구 도시가 된 이유는 물건이나 사람이 이동하기 좋기 때문입니다.

6 다음 여객선 이용 안전 수칙의 빈칸에 들어갈 말로 알맞은 낱말을 써 보세요.

241028-0006

〈여객선 이용 안전 수칙〉

배의 앞뒤에 있는 | ㅂ | ㅅ | ㄱ | 의 위치를 확인하세요.

어휘 더하기 - 이구동성

다를 이 + 입 구 + 같을 동 + 소리 성

입은 다르나 목소리는 같다는 뜻으로, 여러 사람의 말이 한결같음을 이르는 말.

학생들은 | | | | | 으로 선생님에게

피구를 하자고 졸랐다.

入 들 입이 들어간 어휘

○ 다음 한자의 뜻과 소리를 따라 써 보세요.

入 들입
뜻 소리

○ 다음 낱말을 큰 소리로 읽고, 그림과 함께 뜻을 생각해 보세요.

입구

들 입 + 입 구

입학식

들 입 + 배울 학 + 법 식

입장

들 입 + 마당 장

입양

들 입 + 기를 양

○ 이미 알고 있는 낱말에 ✓표를 하세요.

☐ 입구 ☐ 입학식 ☐ 입장 ☐ 입양

○ 위 낱말마다 반복되는 글자를 찾아 붙임 딱지를 붙여 보세요.   붙임 딱지   붙임 딱지1 활용

◉ 다음 한자의 뜻을 생각해 보세요.

入 7급

'入'은 사람이 입구에 들어가는 모습 또는 나무를 끼워 맞추기 위해 끝을 뾰족하게 다듬은 형태를 그린 모습이에요. '들다(들어가다)'의 뜻을 갖고 있어요.

◉ 다음 낱말의 뜻을 알아보고, 빈칸을 채워 문장을 완성해 보세요.

| 들 | 입 |
| 입 | 구 |

입구

들어가는 통로.

• 친구와 도서관 □□ 에서 만나기로 약속했다.

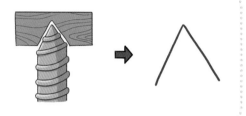

들	입
배울	학
법	식

입학식

입학할 때에 신입생을 모아 놓고 행하는 의식.

• 나의 초등학교 □□□ 에 부모님이 오셨다.

| 들 | 입 |
| 마당 | 장 |

입장

장내로 들어가는 것.

• 영화배우가 시상식장에 멋지게 □□ 했다.

👆 **친절한 샘** '장내'는 어떠한 곳이나 일정한 구역의 안을 뜻하는 말이에요.

| 들 | 입 |
| 기를 | 양 |

입양

양자로 들어감. 또는 양자를 들임.

• 부부는 아이를 □□ 하여 새로운 가정을 이루었다.

👆 **친절한 샘** 입양한 자녀와 부모로 구성된 가족을 '입양 가족'이라고 해요.

入 들 입

1 다음 빈칸에 공통으로 들어갈 글자를 써 보세요.   ▶ 241028-0007

| □양 | □구 | □장 | □학식 |

□

2 다음 그림일기에서 <u>회색</u>의 빈칸에 들어갈 낱말을 써 보세요.   ▶ 241028-0008

	오	늘		ㅇ	ㅎ	ㅅ	에	서
가	족	들	과		사	진	을	
찍	었	다	.					

3 빈칸에 들어갈 알맞은 낱말에 ○표를 하세요.   ▶ 241028-0009

1 하교할 때 어머니가 데리러 온다고 하셔서 학교 (입구, 식구)에서 기다렸다.

2 공연이 시작되고 초대 가수가 멋지게 (입장, 퇴장)했다.

4 빈칸에 들어갈 알맞은 낱말을 [보기]에서 찾아 써 보세요.   ▶ 241028-0010

보기

입원   입양   입장   입학식

1 그는 두 살 때 영국으로 (   )되었다.

2 지난 월요일에 언니의 고등학교 (   )에 다녀왔다.

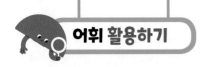
5~6 다음 글을 읽고, 물음에 답해 보세요.

입양, 입장, 입학식은 각각 다른 뜻을 지니고 있는 낱말이지만 모두 새로운 시작을 의미해요.

먼저 입양은 새로운 가족이 생기는 과정이에요. 입양을 통해 아이는 자신에게 사랑과 보살핌을 줄 새로운 가족과의 삶을 시작할 수 있어요. 입장은 새로운 공간에 들어가는 것을 의미하는 말이에요. 공연장이나 경기장 등의 입구를 통해 들어갈 때도 사용하고 결혼식, 졸업식과 같은 특별한 장소에 처음 들어갈 때도 '입장하다'라는 말을 사용해요. 마지막으로 입학식은 입학을 축하하고 새로운 학교생활을 시작하는 행사예요. 매해 입학식 시기가 되면 학교에서는 신입생들의 입학을 환영하기 위해 다양한 행사를 준비해요. 이처럼 세 낱말은 각각 다른 뜻을 가지고 있지만 모두 새로운 시작의 의미를 가지고 있다는 공통점이 있어요.

5 '입양, 입장, 입학식'의 공통점으로 알맞은 것에 ○표를 하세요.

▷ 241028-0011

1 새로운 시작의 의미를 가지고 있다. (   )

2 새로운 가족이 생기는 것을 의미한다. (   )

3 새로운 학교생활을 축하하는 행사를 의미한다. (   )

6 '입장'을 활용한 문장으로 알맞지 <u>않은</u> 것은 무엇인가요? (   )

▷ 241028-0012

① 박물관 입장 요금이 너무 비싸다.　　② 행사에 입장하려면 초대장이 필요하다.

③ 이 음식점은 반려동물이 입장할 수 없다.　　④ 결혼식에서 신랑과 신부가 함께 입장했다.

⑤ 공연이 끝나면 차례대로 밖으로 입장해야 한다.

어휘 더하기 - 점입가경

점점 점 + 들 입 + 아름다울 가 + 지경 경

들어갈수록 점점 아름다운 경치 또는 재미가 있음을 이르는 말.

설악산은 안으로 깊이 들어갈수록 풍경이

이다.

力 힘 **력** 이 들어간 어휘

◎ 다음 한자의 뜻과 소리를 따라 써 보세요.

힘   력(역)

뜻   소리

◎ 다음 낱말을 큰 소리로 읽고, 그림과 함께 뜻을 생각해 보세요.

노력

힘쓸 노 + 힘 력

협력

화합할 협 + 힘 력

체력

몸 체 + 힘 력

집중력

모을 집 + 가운데 중 + 힘 력

○ 이미 알고 있는 낱말에 ✓표를 하세요.

☐ 노력   ☐ 협력   ☐ 체력   ☐ 집중력

○ 위 낱말마다 반복되는 글자를 찾아 붙임 딱지를 붙여 보세요.   붙임 딱지   붙임 딱지 활용

어휘 익히기

◉ 다음 한자의 뜻을 생각해 보세요.

7급Ⅱ

力

밭을 가는 농기구의 모양을 본떠 만든 글자로, '힘', '힘 쓰다'와 같은 뜻을 가지고 있어요.

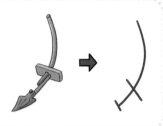

◉ 다음 낱말의 뜻을 알아보고, 빈칸을 채워 문장을 완성해 보세요.

| 힘쓸 | 노 |
| 힘 | 력 |

노력

목적을 이루기 위하여 몸과 마음을 다하여 애를 씀.

• 나는 이번 시험에서 좋은 결과를 얻기 위해 열심히 [　][　] 했다.

| 화합할 | 협 |
| 힘 | 력 |

협력

힘을 합하여 서로 도움.

• 우리 반은 가을 체육 대회에서 다 같이 [　][　] 했다.

| 몸 | 체 |
| 힘 | 력 |

체력

육체적 활동을 할 수 있는 몸의 힘.

• 그 선수는 [　][　] 훈련을 열심히 해서 금메달을 차지했다.

모을	집
가운데	중
힘	력

집중력

마음이나 주의를 한 곳에 모을 수 있는 힘.

• 양궁은 높은 [　][　][　] 이 필요한 운동이다.

👆 친절한 샘 '체력'에는 병이나 추위 등을 견디는 몸의 능력이 라는 뜻도 있어요.

1 낱말과 뜻풀이가 바르게 짝지어진 것을 골라 ○표를 하세요.   ▶ 241028-0013

① 협력 – 힘을 합하여 서로 도움. (   )

② 노력 – 육체적 활동을 할 수 있는 몸의 힘. (   )

③ 집중력 – 목적을 이루기 위하여 몸과 마음을 다하여 애를 씀. (   )

2 빈칸에 들어갈 알맞은 낱말을 [보기]에서 찾아 써 보세요.   ▶ 241028-0014

보기

체력   협력   집중력

① 그 선수는 튼튼한 (   ) 덕분에 마라톤을 완주했다.

② 적당한 실내 온도는 공부할 때 (   )을 높여 준다.

3 밑줄 친 낱말 중 '힘 력(力)' 자가 들어가지 않은 낱말에 ×표를 하세요.   ▶ 241028-0015

① 우리 반은 줄다리기에서 승리하기 위해서 협력했다. (   )

② 우리는 선생님의 생신을 달력에 하트로 표시해 두었다. (   )

③ 나는 어머니께 칭찬받기 위해 열심히 노력했다. (   )

4 다음 중 밑줄 친 낱말의 쓰임이 어색한 것은 무엇인가요? (   )   ▶ 241028-0016

① 모둠 활동을 할 때는 협력해야 한다.

② 매일 줄넘기를 한 덕분에 체력이 좋아졌다.

③ 원하는 바를 이루기 위해서는 역도해야 한다.

④ 나는 집중력이 부족하다는 얘기를 자주 듣는다.

⑤ 이번 시험에서 열심히 노력해서 좋은 결과를 얻었다.

5~6 다음 글을 읽고, 물음에 답해 보세요.

> 가을 체육 대회에서 2학년은 단체 줄넘기를 하기로 했어요. 그래서 오늘 학급 토의를 통해 단체 줄넘기를 잘할 수 있는 방법에 대해 친구들과 함께 이야기를 나누었어요. 먼저 아인이가 말했어요.
> "저는 단체 줄넘기를 잘하기 위해서는 각자 줄넘기를 잘하기 위해 노력해야 한다고 생각합니다. 그러므로 매일 아침 10분씩 개인 줄넘기 연습을 하면 좋겠습니다."
> 아인이의 발표를 듣고 서준이가 손을 들었어요.
> "저는 단체 줄넘기는 체력과 협력이 중요하다고 생각합니다. 그래서 점심시간에 함께 줄을 넘는 연습을 했으면 좋겠습니다."
> 그러자 해민이가 말했어요.
> "서준이의 의견에 동의합니다. 그리고 줄을 넘을 때 집중력도 필요하다고 생각합니다. 따라서 다 같이 숫자를 외치면서 연습을 하면 좋겠습니다."

5 2학년은 체육 대회에서 무엇을 하기로 했는지 써 보세요.   ▶ 241028-0017

(   )

6 학급 토의의 내용으로 알맞지 <u>않은</u> 것은 무엇인가요? (   )   ▶ 241028-0018

① 아인이는 각자 줄넘기를 잘하기 위해 노력해야 한다고 말했다.
② 아인이는 매일 아침 10분씩 개인 줄넘기 연습을 하자고 말했다.
③ 서준이는 점심시간에 다 같이 줄을 넘는 연습을 하자고 말했다.
④ 서준이는 단체 줄넘기를 위해서는 체력과 협력이 중요하다고 말했다.
⑤ 해민이는 집중력을 높이기 위해 다 같이 노래를 부르면서 연습하자고 말했다.

어휘 더하기 - 상상력

생각 相 + 모양 象 + 힘 力

실제로 경험하지 않은 현상이나 사물에 대하여 마음속으로 그려 보는 힘.

어린이들은 풍부한 [ ][ ][ ] 을 가지고 있다.

名 이름 **명** 이 들어간 어휘

○ 다음 한자의 뜻과 소리를 따라 써 보세요.

이름 명

뜻   소리

○ 다음 낱말을 큰 소리로 읽고, 그림과 함께 뜻을 생각해 보세요.

별명

내 별명은 토끼야.

다를 별 + 이름 명

동명이인

안녕? 내 이름은 김민수야.

내 이름도 김민수야!

한가지 동 + 이름 명 + 다를 이 + 사람 인

명함

디자이너
홍 길 동
010-1234-5678
경기도 고양시 일산동구 한류월드로 281

이름 명 + 직함 함

서명

쓸 서 + 이름 명

○ 이미 알고 있는 낱말에 ✓표를 하세요.

☐ 별명 ☐ 동명이인 ☐ 명함 ☐ 서명

○ 위 낱말마다 반복되는 글자를 찾아 붙임 딱지를 붙여 보세요. 붙임 딱지   붙임 딱지 | 활용

◎ 다음 한자의 뜻을 생각해 보세요.

7급Ⅱ

名

夕(저녁 석) 자와 口(입 구) 자가 합쳐져 만들어진 글자예요. 어두운 저녁에 누군지 확인하기 위해 이름을 부른다는 의미로 '이름'의 뜻을 가지고 있어요.

◎ 다음 낱말의 뜻을 알아보고, 빈칸을 채워 문장을 완성해 보세요.

다를 별
이름 명
별명

사람의 외모나 성격 따위의 특징을 바탕으로 남들이 지어 부르는 이름.

• 나는 달리기가 무척 빨라 토끼라는

☐☐ 을 가지고 있다.

한가지 동
이름 명
다를 이
사람 인
동명이인

같은 이름을 가진 서로 다른 사람.

• 옆 반 민수와 우리 반 회장은

☐☐☐☐ 이다.

이름 명
직함 함
명함

성명, 주소, 직업, 신분 따위를 적은 네모난 종이.

• 두 사람은 서로 반갑게 인사를 한 다음,

☐☐ 을 주고받았다.

👆친절한 샘 명함은 보통 처음 만난 사람에게 자신을 알리기 위해서 건네요.

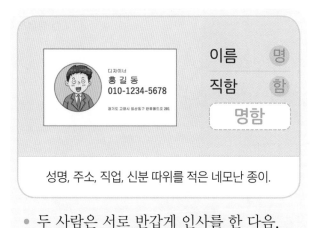

쓸 서
이름 명
서명

자기의 이름을 써넣음. 또는 써넣은 것.

• 가방을 사고 영수증에 ☐☐ 을 했다.

👆친절한 샘 서명은 자신의 이름을 다른 사람이 알아볼 수 있도록 쓴 것을 말해요.

1 다음 낱말의 뜻을 알맞게 선으로 이어 보세요.   241028-0019

1 별명 •
2 서명 •
3 동명이인 •

• ㉠ 사람의 외모나 성격 따위의 특징을 바탕으로 남들이 지어 부르는 이름.
• ㉡ 같은 이름을 가진 서로 다른 사람.
• ㉢ 자기의 이름을 써넣음.

2 그림과 낱말이 바르게 짝지어진 것을 찾아 ○표를 하세요.   241028-0020

명함
(   )

서명
(   )

별명
(   )

3 빈칸에 들어갈 알맞은 낱말에 ○표를 하세요.   241028-0021

1 회의 참석자들끼리 서로 (별명, 명함)을 주고받았다.
2 우리는 키가 큰 삼촌을 '기린'이라는 (서명, 별명)으로 부른다.

4 다음 빈칸에 들어갈 알맞은 말은 무엇인가요? (   )   241028-0022

병원에는 [   ] 환자가 있을 수 있으므로 생년월일을 확인한다.

① 명불허전
② 유명무실
③ 동명이인
④ 입신양명
⑤ 명실상부

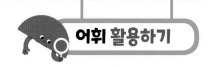

정답과 해설 8쪽

5~6 다음 글을 읽고, 물음에 답해 보세요.

우리 반에는 동명이인이 3명 있어요. 세 친구 모두 '김명수'라는 이름을 가진 남학생이에요. 그래서 선생님과 친구들은 세 명의 명수를 구별하기 위해 각 학생들이 가진 특징을 이름 앞에 붙여 별명을 만들었어요.

동명이인으로 인해 가끔 우리 반에서는 이름을 헷갈리는 일이 일어나기도 해요. 어제 미술 시간에 일어난 일이에요. 자신의 장래 희망을 소개하는 명함 만들기를 했어요. 선생님께서는 명함에 이름과 직업, 간단한 자기소개를 넣으라고 하셨어요. 그런데 그리기가 모두 끝나고 작품을 전시하는데 세 명의 '김명수' 명함을 구별하기가 어려웠어요. 그래서 선생님께서 세 명의 명수를 불러 명함에 서명과 함께 별명도 적으라고 하셨어요.

5 선생님과 친구들은 동명이인을 구별하기 위해 어떻게 했나요? (　　　) 241028-0023

① 반을 바꾸었다.　　② 출석 번호로 불렀다.
③ 다른 이름을 지어 주었다.　　④ 학생들이 가진 특징으로 별명을 만들었다.
⑤ 세 친구의 장래 희망으로 구별하여 불렀다.

6 선생님께서 세 작품을 구별하기 위해 명함에 적으라고 말한 두 가지를 쓰세요. 241028-0024

(　　　　　,　　　　　)

어휘 더하기 – 입신양명

설 입 + 몸 신 + 날릴 양 + 이름 명

출세하여 이름을 세상에 떨침.

그는 [　][　][　][　] 하기 위해 피나는 노력을 했다.

男 사내 남 이 들어간 어휘

○ 다음 한자의 뜻과 소리를 따라 써 보세요.

男 사내 남
뜻   소리

○ 다음 낱말을 큰 소리로 읽고, 그림과 함께 뜻을 생각해 보세요.

남자

사내 남 + 아들 자

장남

어른 장 + 사내 남

남편

사내 남 + 편할 편

남학생

사내 남 + 배울 학 + 날 생

○ 이미 알고 있는 낱말에 ✓표를 하세요.

☐ 남자 ☐ 장남 ☐ 남편 ☐ 남학생

○ 위 낱말마다 반복되는 글자를 찾아 붙임 딱지를 붙여 보세요.

붙임
딱지

붙임 딱지 활용

男 남

◎ 다음 한자의 뜻을 생각해 보세요.

男 ⁷급Ⅱ

'田(밭 전)' 자와 '力(힘 력)' 자가 합쳐진 글자로, '사내', '남자'의 뜻을 가지고 있어요.

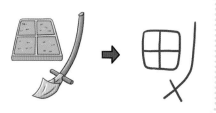

◎ 다음 낱말의 뜻을 알아보고, 빈칸을 채워 문장을 완성해 보세요.

사내	남
아들	자

남자

남성으로 태어난 사람.

• 아버지, 할아버지는 모두 ☐☐ 라는 공통점이 있다.

어른	장
사내	남

장남

둘 이상의 아들 가운데 맏이가 되는 아들.

• 나는 삼 형제 중 ☐☐ 이다.

사내	남
편할	편

남편

혼인하여 여자의 짝이 된 남자.

• 어머니는 아버지를 ☐☐ 이라고 부른다.

사내	남
배울	학
날	생

남학생

남자 학생.

• 우리 반은 ☐☐☐ 보다 여학생이 더 많다.

👆 친절한 샘 '남편'의 반대말은 '아내'로, 혼인하여 남자의 짝이 된 여자를 뜻해요.

男 사내 남

1 다음 낱말의 뜻을 알맞게 선으로 이어 보세요.

241028-0025

1 남자 •

2 남편 •

3 남학생 •

• ㉠ 남자 학생.

• ㉡ 혼인하여 여자의 짝이 된 남자.

• ㉢ 남성으로 태어난 사람.

2 다음 빈칸에 들어갈 낱말을 써 보세요.

241028-0026

두 형제 중 형을 [　　] , 동생을 차남이라고 한다.

3 빈칸에 들어갈 알맞은 낱말을 [보기]에서 찾아 써 보세요.

241028-0027

보기

| 장남 | 남자 | 남편 | 남학생 |

1 부부 사이에서 아내는 자신과 결혼한 배우자를 (　　　　　)이라고 부른다.

2 우리 학교는 (　　　　　)과 여학생이 서로 다른 반으로 배정되어 있다.

4 밑줄 친 '남'의 뜻으로 알맞은 것은 무엇인가요? (　　　)

241028-0028

| 장남 | 남편 | 남학생 |

① 친구　　　　　② 남자　　　　　③ 여자

④ 노인　　　　　⑤ 학생

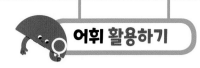

5~6 다음 글을 읽고, 물음에 답해 보세요.

마음씨 착한 사람들만 사는 무지개 나라의 왕에게는 한 가지 큰 걱정이 있었어요. 막내 공주가 결혼을 할 상대가 없다는 것이었지요. 왕은 공주의 남편감을 구한다는 글을 무지개 나라 곳곳에 써 붙였어요. 왕이 쓴 글을 보고 전국에서 많은 남자들이 모여들었어요. 여러 과정을 거쳐 마침내 두 명의 남자가 최종 후보가 되었어요. 왕은 후보들에게 자신의 장점을 한 가지씩 이야기하라고 했어요.

첫 번째 후보인 머리가 긴 남자가 말했어요.

"저는 다섯 형제 중 장남입니다. 어릴 때부터 바쁜 부모님을 대신해 동생들을 잘 챙겼습니다. 제가 공주님의 남편이 된다면 공주님 또한 사랑으로 잘 보살피겠습니다."

다음으로 키가 큰 두 번째 후보가 말했어요.

"저의 직업은 선생님입니다. 저는 자상하고 친절합니다. 그 증거로 저희 학교 남학생들이 스승의 날에 저에게 써 준 편지를 가지고 왔습니다. 공주님께도 자상하고 친절한 남편이 되겠습니다."

공주는 누구를 남편으로 선택할지 고민에 빠졌어요.

5 무지개 나라 왕의 걱정은 무엇인지 글에서 찾아 쓰세요. ▶ 241028-0029

( )

6 윗글을 읽고 알 수 있는 내용으로 알맞지 <u>않은</u> 것은 무엇인가요? ( ) ▶ 241028-0030

① 첫 번째 후보는 머리가 길다.   ② 두 번째 후보의 직업은 선생님이다.
③ 최종 후보가 된 남자는 세 명이다.   ④ 첫 번째 후보의 동생은 모두 네 명이다.
⑤ 두 번째 후보의 장점은 자상하고 친절하다는 것이다.

어휘 더하기 – 선남선녀

착할 선 + 사내 남 + 착할 선 + 여자 녀

성품이 착한 남자와 여자란 뜻으로, 착하고 어진 사람들을 이르는 말.

가 만나 결혼을 하게 되어 많은 사람의 축복을 받았다.

1 다음 뜻을 가진 낱말을 [보기]에서 찾아 써 보세요. ▶ 241028-0031

보기

인구   항구   입구   노력   집중력

1 들어가는 통로. : (   )

2 일정한 지역에 사는 사람의 수. : (   )

3 마음이나 주의를 한 곳에 모을 수 있는 힘. : (   )

2 다음 그림에 어울리는 낱말에 ○표를 하세요. ▶ 241028-0032

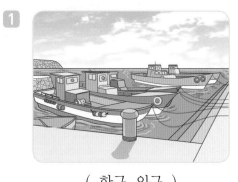

(항구, 입구)

(협상, 협력)

3 빈칸에 들어갈 알맞은 낱말을 [보기]에서 찾아 써 보세요. ▶ 241028-0033

보기

별명   체력   입학식   동명이인

1 (   )을 기르기 위해 매일 운동장을 세 바퀴 뛰었다.

2 1학년 동생들의 (   )에서 6학년 선배들이 축하 공연을 했다.

4 다음 밑줄 친 낱말과 의미가 비슷한 낱말을 [보기]에서 찾아 써 보세요. ▶ 241028-0034

보기

장남   남자   서명   비상구

1 야구 경기가 끝나고 선수에게 사인을 받았다. ➡ (   )

2 대회에 참가한 남성의 수가 여성 참가자 수보다 많았다. ➡ (   )

**어휘 놀이터**

정답과 해설 9쪽

◎ 경찰이 길을 따라가다가 만난 뜻에 해당하는 낱말을 [보기]에서 모두 찾아 ○표를 하세요.

보기

| 인구 | 협력 | 명함 | 입구 | 남학생 |

일정한 지역에 사는 사람의 수.

성명, 주소, 직업, 신분 따위를 적은 네모난 종이.

남자 학생.

힘을 합하여 서로 도움.

들어가는 통로.

時 때 시 가 들어간 어휘

○ 다음 한자의 뜻과 소리를 따라 써 보세요.

때   시
뜻   소리

○ 다음 낱말을 큰 소리로 읽고, 그림과 함께 뜻을 생각해 보세요.

시대

때 시 + 대신할 대

시계

때 시 + 셀 계

잠시

잠깐 잠 + 때 시

시간표
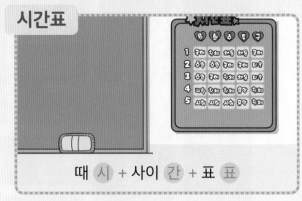
때 시 + 사이 간 + 표 표

○ 이미 알고 있는 낱말에 ✓표를 하세요.

☐ 시대 ☐ 시계 ☐ 잠시 ☐ 시간표

○ 위 낱말마다 반복되는 글자를 찾아 붙임 딱지를 붙여 보세요.   붙임 딱지   붙임 딱지 활용

IY

◎ 다음 한자의 뜻을 생각해 보세요.

7급Ⅱ

時

'日(해 일)' 자와 '寺(절 사)' 자가 합쳐진 모습으로, '때'나 '시간'의 뜻을 가진 글자를 나타내요.

◎ 다음 낱말의 뜻을 알아보고, 빈칸을 채워 문장을 완성해 보세요.

때 | 시
대신할 | 대

시대

역사적으로 어떤 표준에 의하여 구분한 일정한 기간.

• 조선 ☐☐ 사람들은 한복을 입고 생활했다.

👉 친절한 샘 지금 있는 그 시기 또는 문제가 되고 있는 시기를 나타낼 때도 '시대'라는 낱말을 사용해요.

때 | 시
셀 | 계

시계

시간을 재거나 시각을 나타내는 기계나 장치를 통틀어 이르는 말.

• 집에 와서 ☐☐ 를 보니 벌써 오후 10시가 넘었다.

잠깐 | 잠
때 | 시

잠시

짧은 시간.

• 우리는 너무 힘들어서 ☐☐ 쉬었다가 가기로 결정했다.

때 | 시
사이 | 간
표 | 표

시간표

시간을 나누어서 시간대별로 할 일 따위를 적어 넣은 표.

• 선생님께서 1학기 ☐☐☐ 를 나눠 주셨다.

時 때 시

1 다음 빈칸에 공통으로 들어갈 알맞은 글자를 써 보세요. ▶ 241028-0035

| □ 대 | □ 계 | □ 간 | 잠 □ | □ 간표 |

□

2 다음 그림에 알맞은 낱말을 선으로 이어 보세요. ▶ 241028-0036

1  ·

· ㉠ 시계

2  ·

· ㉡ 시간표

3 빈칸에 들어갈 알맞은 낱말에 ○표를 하세요. ▶ 241028-0037

1 월요일 (기차표, 시간표)에는 내가 좋아하는 국어가 들어 있다.

2 (시계, 시대)를 보니 아홉 시가 넘어서 헐레벌떡 뛰어서 학교에 갔다.

4 다음 중 밑줄 친 낱말의 쓰임이 어색한 것은 무엇인가요? (   ) ▶ 241028-0038

① 순종은 조선 시대 마지막 왕이다.

② 사회 시간에 고려 시대 역사에 대해 배웠다.

③ 운전할 때는 잠시라도 졸음운전을 하면 안 된다.

④ 우리 집 거실에 있는 시계가 느리게 가서 지각할 뻔했다.

⑤ 기차역에 도착했으나 화장실에 다녀올 시간표가 부족했다.

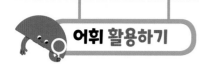

✓ 정답과 해설 10쪽

5~6 다음 글을 읽고, 물음에 답해 보세요.

　사회 시간에 선생님께서 조선 시대 왕의 하루 일과가 그려진 시간표를 보여 주셨어요. 지금처럼 정확한 시간을 알 수 있는 시계가 없었던 당시에는 2시간씩 시간을 쟀는데 왕마다 약간의 차이는 있지만 보통 아침 5시에 일어나 하루를 시작했다고 해요. 먼저 웃어른께 안부를 여쭙는 문안 인사를 드린 후 아침 공부를 했어요. 이후 나라를 돌보는 일들을 하고 공부를 하는 바쁜 일상을 보냈어요. 이 모든 일을 마친 후 밤 11시가 넘어서야 잠자리에 들 수 있었다고 해요. 예전에 텔레비전 드라마에서 본 왕들은 멋진 옷을 입고 신하들을 거느리고 편하게 생활하는 것 같아 다시 태어날 수 있다면 왕이 되고 싶다는 생각을 했어요. 그러나 선생님께서 보여 주신 조선 왕의 하루 시간표를 보니 할 일이 너무 많아 힘들 것 같았어요. 그래서 잠시 왕이 되겠다고 했던 생각은 접어 두기로 했어요.

5 사회 시간에 선생님께서 무엇을 보여 주셨나요? (　　　)

▶ 241028-0039

① 왕의 사진
② 조선 시대 사극
③ 조선 시대 연표
④ 왕이 공부하는 책
⑤ 왕의 일과 시간표

6 윗글에 제시된 조선 시대 왕의 일과로 알맞지 <u>않은</u> 것은 무엇인가요? (　　　)

▶ 241028-0040

① 아침 공부를 한다.
② 보통 아침 5시에 일어난다.
③ 어른들에게 문안 인사를 드린다.
④ 해가 지기 전에 일찍 잠자리에 든다.
⑤ 공부뿐만 아니라 나라를 돌보는 일도 한다.

어휘 더하기 - 시시각각

때 시 + 때 시 + 새길 각 + 새길 각

각각의 시각.

요즘은 인터넷을 통해 　　　　 변화하는 세계의 모습을 알 수 있다.

家 집 가 가 들어간 어휘

◉ 다음 한자의 뜻과 소리를 따라 써 보세요.

집 가

뜻   소리

◉ 다음 낱말을 큰 소리로 읽고, 그림과 함께 뜻을 생각해 보세요.

가족

집 가 + 겨레 족

가훈

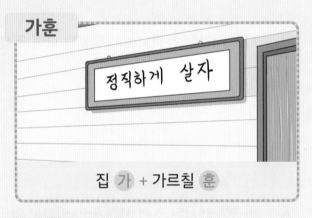

정직하게 살자

집 가 + 가르칠 훈

국가

나라 국 + 집 가

전문가

오로지 전 + 문 문 + 집 가

○ 이미 알고 있는 낱말에 ✓표를 하세요.

　가족　　가훈　　국가　　전문가

○ 위 낱말마다 반복되는 글자를 찾아 붙임 딱지를 붙여 보세요.

붙임
딱지

붙임 딱지 활용

◉ 다음 한자의 뜻을 생각해 보세요.

7급Ⅱ

'宀(집 면)' 자와 '豕(돼지 시)' 자가 합쳐진 모양으로, '집', '가족'이라는 뜻을 가지고 있어요. 예전에는 소나 돼지 같은 가축을 집의 소중한 재산으로 여겼어요.

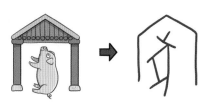

◉ 다음 낱말의 뜻을 알아보고, 빈칸을 채워 문장을 완성해 보세요.

집 가
겨레 족
가족

주로 부부를 중심으로 한,
친족 관계에 있는 사람들의 집단.

• 우리 ☐☐ 은 아빠, 엄마, 나, 동생

이렇게 4명이다.

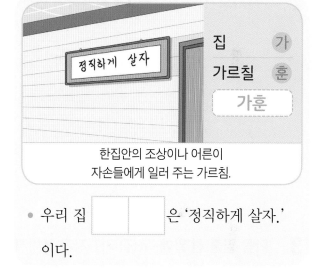

집 가
가르칠 훈
가훈

한집안의 조상이나 어른이
자손들에게 일러 주는 가르침.

• 우리 집 ☐☐ 은 '정직하게 살자.'

이다.

나라 국
집 가
국가

일정한 영토와 거기에 사는 사람들로 구성되고,
주권에 의한 하나의 통치 조직을 가지고 있는 사회 집단.

• 우리는 대한민국이라는 ☐☐ 에

살고 있다.

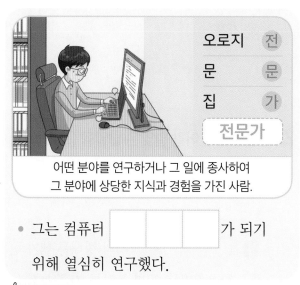

오로지 전
문 문
집 가
전문가

어떤 분야를 연구하거나 그 일에 종사하여
그 분야에 상당한 지식과 경험을 가진 사람.

• 그는 컴퓨터 ☐☐☐ 가 되기

위해 열심히 연구했다.

👆 친절한 샘 여기에서는 '家'가 '전문가'라는 뜻으로 사용되었어요.

家 집 가

1 낱말의 뜻을 바르게 설명한 것에 ○표를 하세요.

> 241028-0041

1 국가: 인종이 같은 사람들이 모인 집단. (   )

2 가훈: 학교 선배가 후배들에게 알려 주는 가르침. (   )

3 가족: 주로 부부를 중심으로 한, 친족 관계에 있는 사람들의 집단. (   )

2 다음 [보기]의 낱말을 2개 활용하여 빈칸에 들어갈 낱말을 각각 쓰세요.

> 241028-0042

보기

국가	가족	가훈	가방

우리 (   )의 (   )은 '끝까지 노력하자.'입니다.

3 다음 밑줄 친 말에 '家(집 가)' 자가 쓰이지 않은 낱말은 무엇인가요? (   )

> 241028-0043

① 가짜   ② 가족   ③ 국가

④ 가훈   ⑤ 전문가

4 빈칸에 들어갈 알맞은 낱말을 [보기]에서 찾아 써 보세요.

> 241028-0044

보기

가족	국가	전문가	가훈

1 (   )의 형태는 핵가족, 확대 가족 등 다양하다.

2 할아버지는 30년 농사를 지은 농사 (   )이시다.

3 우리 사촌 언니는 올림픽 (   ) 대표 수영 선수로 뽑혔다.

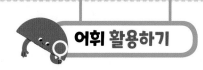
5~6 다음 글을 읽고, 물음에 답해 보세요.

> 우리 가족을 소개할게요. 우리 가족은 아버지, 어머니, 큰오빠, 언니, 나 이렇게 5명이에요. 우리 집의 가훈은 '성실한 사람이 되자.'예요. 아버지는 항상 자신이 맡은 일을 성실하게 해야 한다고 하셨어요. 아버지와 큰오빠의 직업은 군인이에요. 국가를 지키기 위해 열심히 일하는 모습이 자랑스러워요. 어머니는 자상하고 따뜻한 분이세요. 어머니의 직업은 로봇 전문가예요. 사람들의 생활에 도움을 줄 수 있는 로봇을 컴퓨터 프로그램을 이용하여 설계하고 만드는 일을 하고 계세요. 언니는 고등학생이에요. 언니는 수학을 잘해요. 그래서 저의 수학 숙제를 함께 도와주기도 해요. 저는 각자 성실하게 일하고 공부하는 우리 가족이 멋있다고 생각해요. 저도 나중에 외교관이 되어 나와 가족, 국가를 위해 일하는 사람이 되고 싶어요.

5 '나'의 가족 구성원이 <u>아닌</u> 사람은 누구인가요? (   )   ▶ 241028-0045

① 언니   ② 큰오빠   ③ 아버지
④ 어머니   ⑤ 할머니

6 '나'의 가족에 대한 설명으로 알맞지 <u>않은</u> 것은 무엇인가요? (   )   ▶ 241028-0046

① 나의 장래 희망은 외교관이다.   ② 아버지와 큰오빠의 직업은 같다.
③ 가훈은 '정직한 사람이 되자.'이다.   ④ 언니는 나의 수학 숙제를 도와준다.
⑤ 어머니는 로봇 전문가로 일하고 계신다.

어휘 더하기 - 가가호호

집 가 +집 가 +집 호 +집 호

한 집 한 집. 또는 집집마다.

마을의 ☐☐☐☐ 화목한 기운이 넘친다.

8 食 먹을 식 이 들어간 어휘

◎ 다음 한자의 뜻과 소리를 따라 써 보세요.

食   먹을 식
뜻   소리

◎ 다음 낱말을 큰 소리로 읽고, 그림과 함께 뜻을 생각해 보세요.

음식

마실 음 + 먹을 식

식당

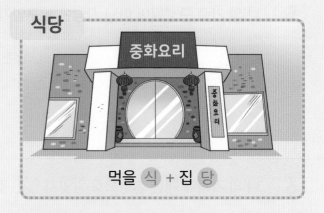

먹을 식 + 집 당

외식

바깥 외 + 먹을 식

한정식

한국 한 + 정할 정 + 먹을 식

○ 이미 알고 있는 낱말에 ✓표를 하세요.

☐ 음식 ☐ 식당 ☐ 외식 ☐ 한정식

○ 위 낱말마다 반복되는 글자를 찾아 붙임 딱지를 붙여 보세요.   붙임 딱지   붙임 딱지 활용

어휘 익히기

◉ 다음 한자의 뜻을 생각해 보세요.

食 7급Ⅱ

음식을 담는 그릇의 모양을 본뜬 글자로, '밥'이나 '먹다'의 뜻을 나타내요.

◉ 다음 낱말의 뜻을 알아보고, 빈칸을 채워 문장을 완성해 보세요.

마실 **음**
먹을 **식**

음식

사람이 먹고 마시는 것을 통틀어 이르는 말.

• 우리는 배가 고파 ☐☐ 을 남기지 않고 다 먹었다.

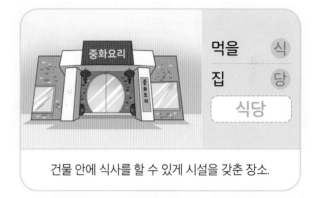

먹을 **식**
집 **당**

식당

건물 안에 식사를 할 수 있게 시설을 갖춘 장소.

• 우리 가족은 동네에서 맛집으로 유명한 ☐☐ 에 갔다.

바깥 **외**
먹을 **식**

외식

집에서 직접 해 먹지 아니하고 밖에서 음식을 사 먹음. 또는 그런 식사.

• 내 생일을 맞이하여 ☐☐ 을 하기로 했다.

한국 **한**
정할 **정**
먹을 **식**

한정식

전통적인 한식 식단을 바탕으로 여러 가지 음식을 내는 정식.

• 우리는 전주의 한식당에서 푸짐한 ☐☐☐ 을 먹었다.

👆 **친절한 샘** '정식'은 식당에서 일정한 반찬을 배정해 놓고 기본으로 파는 음식을 말해요.

食 먹을 **식**

1 다음 밑줄 친 글자가 '먹다(食)'를 뜻하지 <u>않는</u> 것은 무엇인가요? (　　　) ▶ 241028-0047

① 외<u>식</u>　　　　　② 음<u>식</u>　　　　　③ <u>식</u>당
④ 한정<u>식</u>　　　　⑤ <u>식</u>목일

2 다음 그림이 뜻하는 낱말은 무엇인가요? (　　　) ▶ 241028-0048

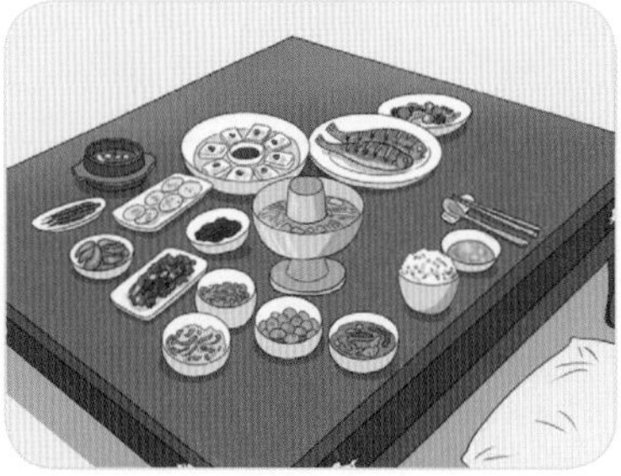

① 지식　　　　　② 식물　　　　　③ 식구
④ 한정식　　　　⑤ 의식주

3 빈칸에 들어갈 알맞은 낱말에 ○표를 하세요. ▶ 241028-0049

1 할머니 팔순 잔치를 맞아 (외식, 외가)을 하기로 했다.

2 우리 가족이 가장 좋아하는 (음식, 식당)은 삼겹살이다.

4 빈칸에 알맞은 낱말을 [보기]에서 찾아 써 보세요. ▶ 241028-0050

보기

음식　　　식당　　　한정식　　　식습관

1 그 식당의 ☐☐☐ 차림은 돌솥밥과 불고기, 김치, 된장찌개이다.

2 나는 떡볶이, 라면, 고추장찌개 같은 매운 ☐☐ 을 잘 먹는다.

5~6 다음 글을 읽고, 물음에 답해 보세요.

의식주는 옷과 음식, 집을 뜻하는 낱말로, 사람들이 살아가는 데 꼭 필요한 세 가지를 말해요. 그중에서도 오늘은 '식'과 관련된 '음식'에 대해서 이야기하려고 해요. 식생활은 우리의 건강에 중요한 역할을 해요. 식사를 할 때는 영양소가 골고루 들어간 음식을 선택해야 해요. 음식에 있는 여러 가지 영양소들은 우리 몸의 뼈를 지탱하고 근육과 체온을 유지하는 등의 중요한 역할을 해요. 한정식 차림은 밥과 반찬, 국이 골고루 나와 다양한 영양소를 섭취하기에 적절해요.

식사는 집에서 가족들과 함께 할 수도 있지만 식당에서 외식으로 할 수도 있어요. 외식은 다양한 음식을 맛볼 수 있고 편리하지만 위생과 가격 등을 고려하여 식당을 선택해야 해요. 가족, 친구들과 맛있는 음식을 먹는 경험은 건강하고 즐거운 생활을 하는 데 중요한 역할을 해요.

5 윗글에서 이야기하고 있는 것은 무엇인가요? (   )

▷ 241028-0051

① 집
② 옷
③ 음식
④ 가족
⑤ 친구

6 윗글에서 설명한 내용으로 옳지 <u>않은</u> 것은 무엇인가요? (   )

▷ 241028-0052

① 의식주는 옷, 음식, 집을 말한다.
② 음식에는 여러 가지 영양소가 들어 있다.
③ 음식을 선택할 때는 좋아하는 음식 위주로 선택한다.
④ 한정식 차림은 주로 밥과 반찬, 국 등이 골고루 나온다.
⑤ 외식할 장소를 고를 때는 위생과 가격을 생각해야 한다.

어휘 더하기 - 호의호식

좋을 호 + 옷 의 + 좋을 호 + 먹을 식

좋은 옷을 입고 좋은 음식을 먹음.

그들은 평생 가난을 모르고 [ ][ ][ ][ ] 하며 살았다.

學 배울 학 이 들어간 어휘

◎ 다음 한자의 뜻과 소리를 따라 써 보세요.

배울 학
뜻   소리

◎ 다음 낱말을 큰 소리로 읽고, 그림과 함께 뜻을 생각해 보세요.

학교

배울 학 + 학교 교

방학

놓을 방 + 배울 학

학습

배울 학 + 익힐 습

대학생

큰 대 + 배울 학 + 날 생

○ 이미 알고 있는 낱말에 ✔표를 하세요.

☐ 학교 ☐ 방학 ☐ 학습 ☐ 대학생

○ 위 낱말마다 반복되는 글자를 찾아 붙임 딱지를 붙여 보세요.   붙임 딱지   붙임 딱지 활용

學

● 다음 한자의 뜻을 생각해 보세요.

8급 '臼(절구 구)' 자와 '冖(집 면)', '爻(효 효)', '子(아들 자)' 자가 합쳐진 모양으로, '배우다', '공부하다'의 뜻을 가지고 있어요.

● 다음 낱말의 뜻을 알아보고, 빈칸을 채워 문장을 완성해 보세요.

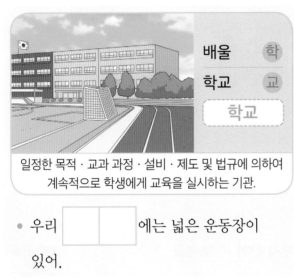

배울 | 학
학교 | 교

학교

일정한 목적 · 교과 과정 · 설비 · 제도 및 법규에 의하여 계속적으로 학생에게 교육을 실시하는 기관.

• 우리 ☐☐ 에는 넓은 운동장이 있어.

친절한 샘 우리나라는 초등학교, 중학교까지를 의무 교육 기관으로 정하고 있어요.

놓을 | 방
배울 | 학

방학

일정 기간 동안 수업을 쉬는 일. 또는 그 기간.

• 나의 이번 여름 ☐☐ 계획은 책 10권을 읽는 것이다.

배울 | 학
익힐 | 습

학습

배워서 익힘.

• 학교에서 국어 시간에 동시에 대해 ☐☐ 했다.

큰 | 대
배울 | 학
날 | 생

대학생

대학교에 다니는 학생.

• 사촌 언니는 올해 대학교에 입학하여 ☐☐☐ 이 되었다.

1 다음 낱말의 뜻을 알맞게 선으로 이어 보세요. ▶ 241028-0053

1 대학생 •

2 방학 •

3 학습 •

• ㉠ 대학교에 다니는 학생.

• ㉡ 일정 기간 동안 수업을 쉬는 일. 또는 그 기간.

• ㉢ 배워서 익힘.

2 다음 그림을 보고, 알맞은 낱말을 완성해 보세요. ▶ 241028-0054

대		

3 다음 빈칸에 들어갈 낱말로 알맞은 것을 [보기]에서 찾아 써 보세요. ▶ 241028-0055

보기

학교   과학   학습   방학

1 이번 겨울 (   )에 가족들과 스키를 타러 간다.

2 수학 시간에 (   )한 내용을 집에서 다시 공부했다.

4 다음 중 밑줄 친 낱말의 쓰임이 어색한 것은 무엇인가요? (   ) ▶ 241028-0056

① 학습한 내용을 공책에 적었다.

② 늦잠을 자서 학교에 지각을 했다.

③ 여름 방학에 할머니 댁에 다녀왔다.

④ 대학생이 된 형은 아르바이트를 시작했다.

⑤ 오늘부터 겨울 개학이라서 학교에 가지 않는다.

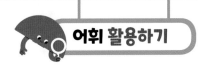
5~6 다음 글을 읽고, 물음에 답해 보세요.

> 20○○년 ○월 ○일 날씨: 맑음
>
> 여름 방학을 맞이하여 대학생 삼촌의 학교에 견학을 갔다. 삼촌과 나는 함께 지하철 ☆☆대학교 역에 내려 학교 안에 있는 도서관으로 갔다. '학습실'이라고 적힌 공간에서는 방학인데도 많은 대학생 언니, 오빠들이 공부를 하고 있었다. 강의실 건물도 구경했는데 학생들이 공부할 수 있도록 책상, 의자, 컴퓨터 등이 있는 곳이었다. 마지막으로 기념품 판매점에 들렀다. 삼촌이 기념품 가게에서 학교 사진이 그려진 다이어리를 사 주었다. 삼촌은 다이어리에 매일 할 일과 학습한 내용을 적는 습관을 가지는 것이 중요하다고 하셨다. 삼촌이 다니는 학교를 방문해서 신기했고 나도 열심히 공부해서 언니, 오빠들처럼 멋진 대학생이 되어야겠다고 다짐했다.

5 내가 대학교에서 방문한 장소가 <u>아닌</u> 곳에 ×표를 하세요.

▶ 241028-0057

① 도서관 (　　　　)

② 화장실 (　　　　)

③ 기념품 판매점 (　　　　)

6 내가 오늘 한 일로 알맞지 <u>않은</u> 것은 무엇인가요? (　　　　)

▶ 241028-0058

① 대학교에 방문했다.
② 공부하는 대학생들을 봤다.
③ 삼촌이 공부하는 강의실을 구경했다.
④ 기념품 가게에서 학교가 그려진 필통을 샀다.
⑤ 삼촌이 다니는 학교를 방문하기 위해 지하철을 탔다.

어휘 더하기 – 초등학교

처음 초 + 등급 등 + 배울 학 + 학교 교

아동들에게 기본적인 교육을 실시하기 위한 학교로, 현재 우리나라에서는 6년 동안 의무적으로 교육을 한다.

내 동생은 〔　〕〔　〕〔　〕〔　〕 1학년이다.

韓 한국/나라 **한** 이 들어간 어휘

○ 다음 한자의 뜻과 소리를 따라 써 보세요.

韓   한국/나라   한
      뜻   소리

○ 다음 낱말을 큰 소리로 읽고, 그림과 함께 뜻을 생각해 보세요.

한식

한국 한 + 먹을 식

한옥

한국 한 + 집 옥

한복

한국 한 + 옷 복

한의사

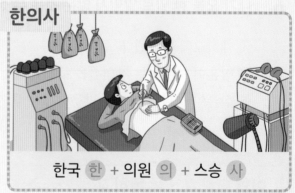

한국 한 + 의원 의 + 스승 사

○ 이미 알고 있는 낱말에 ✓표를 하세요.

◻한식 ◻한옥 ◻한복 ◻한의사

○ 위 낱말마다 반복되는 글자를 찾아 붙임 딱지를 붙여 보세요.   붙임 딱지   붙임 딱지 활용

○ 다음 한자의 뜻을 생각해 보세요.

8급

'倝(햇빛 빛나는 모양 간)' 자와 '韋(가죽 위)' 자가 합쳐진 모양으로, '대한민국'을 줄여서 말하거나 '나라 이름'의 뜻을 나타내요.

○ 다음 낱말의 뜻을 알아보고, 빈칸을 채워 문장을 완성해 보세요.

한국	한
먹을	식

한식

우리나라 고유의 음식이나 식사.

• 나는 아빠의 입맛을 닮아 양식보다 ☐☐ 을 더 좋아한다.

한국	한
집	옥

한옥

우리나라 고유의 형식으로 지은 집을 양식 건물에 상대하여 이르는 말.

• 지난 주말 가족들과 전주 ☐☐ 마을에 다녀왔다.

한국	한
옷	복

한복

우리나라의 고유한 옷.

• 설날에 ☐☐ 을 입고 어른들께 세배를 드렸다.

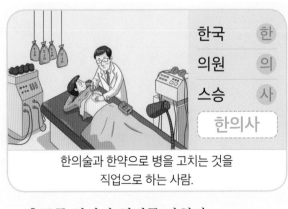

한국	한
의원	의
스승	사

한의사

한의술과 한약으로 병을 고치는 것을 직업으로 하는 사람.

• 축구를 하다가 허리를 다쳐서 ☐☐☐ 에게 침을 맞았다.

👆 친절한 샘 한의술은 예로부터 우리나라에서 발달한 의료 기술을 말해요.

1 다음 낱말에서 밑줄 친 부분의 의미를 써 보세요. ▶ 241028-0059

<u>한</u>식   <u>한</u>복   <u>한</u>옥   <u>한</u>의사

2 다음 그림을 보고, 알맞은 낱말을 완성해 보세요. ▶ 241028-0060

ㅎ	ㅇ

3 다음 민주의 편지를 보고 빈칸에 들어갈 낱말을 [보기]에서 각각 찾아 써 보세요. ▶ 241028-0061

보기

한복   한식   한의사

토마스야, 안녕?

나는 한국 초등학교에 다니는 김민주야. 한국에 대해 알고 싶어 하는 너를 위해 편지를 써.

먼저 음식 얘기를 할게. 외국인들이 좋아하는 (   ) 중 대표적인 것으로는 불고기

와 비빔밥이 있어. 또 기회가 된다면 우리나라 전통 의상인 (   )도 꼭 입어 보길 바라.

– 한국에서 민주가 –

4 빈칸에 들어갈 알맞은 낱말에 ○표를 하세요. ▶ 241028-0062

1 경주에 가면 기와로 지은 (한옥, 한식)을 많이 볼 수 있다.

2 감기에 걸려서 (한의사, 수의사) 선생님께서 한약을 처방해 주셨다.

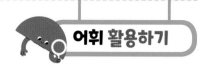
어휘 활용하기

정답과 해설 12쪽

5~6 다음 글을 읽고, 물음에 답해 보세요.

전통문화는 나라마다 가지고 있는 그 나라만의 문화를 말해요. 우리나라에도 고유한 전통문화들이 있어요. 우리나라의 전통문화를 소개할게요.

한식은 우리나라의 전통 음식이에요. 한식에는 불고기, 김치, 잡채, 된장찌개 등이 있는데, 외국인들에게도 인기가 많지요. 우리나라의 전통 의상은 한복이에요. 한복은 색과 선이 아름다운 것이 특징이에요. 우리나라의 전통 집은 한옥이라고 해요. 한옥은 재료에 따라 기와집과 초가집 등으로 나눌 수 있어요. 마지막으로 우리나라의 전통 의학 기술은 한의학이에요. 한의사들은 옛날부터 침과 뜸 등의 한의술과 한약으로 사람들의 병을 고쳤어요.

5 윗글에서 소개하고 있는 내용이 <u>아닌</u> 것은 무엇인가요? (   )   ▶ 241028-0063

① 한식   ② 탈춤   ③ 한복   ④ 한옥   ⑤ 한의학

6 우리나라의 전통문화로 알맞은 것끼리 선으로 이으세요.   ▶ 241028-0064

1 의상   •   • ㉠ 한옥

2 음식   •   • ㉡ 한식

3 의술   •   • ㉢ 한복

4 집   •   • ㉣ 한의학

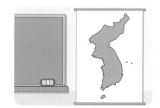
어휘 더하기 - 한반도

한국/나라 한 + 반 반 + 섬 도

아시아 대륙의 동북쪽 끝에 있는 반도. 제주도 등 우리나라 국토의 전역을 포함한다.

는 남과 북으로 나뉘어 있다.

친절한 샘 반도는 삼면이 바다로 둘러싸이고 한 면은 육지에 이어진 땅을 말해요.

1 다음 뜻을 가진 낱말을 [보기]에서 찾아 써 보세요.　　　▶ 241028-0065

보기

시계　　가족　　국가　　식당　　음식

1 사람이 먹고 마시는 것을 통틀어 이르는 말. : (　　　　　　　)

2 주로 부부를 중심으로 한, 친족 관계에 있는 사람들의 집단. : (　　　　　　　　)

2 다음 그림에 어울리는 낱말에 ○표를 하세요.　　　▶ 241028-0066

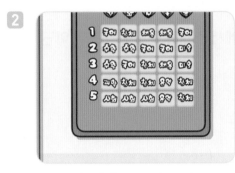

（ 한식, 한복 ）　　　　　　　　　　（ 시간표, 물음표 ）

3 빈칸에 들어갈 알맞은 낱말을 [보기]에서 찾아 써 보세요.　　　▶ 241028-0067

보기

외식　　전문가　　대학생　　한옥　　시대

1 교육 (　　　　　　　)이신 선생님께 많은 것을 배웠다.

2 (　　　　　　　　)이 된 누나는 여름 방학 동안 유럽 여행을 다녀왔다.

4 다음 중 밑줄 친 낱말의 쓰임이 어색한 것은 무엇인가요? (　　　　)　　　▶ 241028-0068

① 온 가족이 모여 함께 식사를 했다.

② 이번 주 금요일에 여름 방학식을 한다.

③ 배가 고파 잠시를 보았더니 오후 1시였다.

④ 경복궁은 조선 시대에 지어진 궁궐 중 하나이다.

⑤ 내가 가장 좋아하는 한식 메뉴는 매운 양념 갈비다.

정답과 해설 12쪽

◎ 낱말과 뜻이 어울리는 징검다리를 선으로 이어 연못을 건너세요.

한복
우리나라 고유의 음식.

외식
집에서 하는 식사.

가훈
한집안의 조상이나 어른이
자손에게 일러 주는 가르침.

시계
시간을 재거나
시각을 나타내는 기계.

가족
어떤 분야에서 상당한
지식과 경험을 가진 사람.

방학
일정 기간 동안
수업을 쉬는 일.

한옥
우리나라 고유의
형식으로 지은 집.

七 일곱 **칠** 이 들어간 어휘

○ 다음 한자의 뜻과 소리를 따라 써 보세요.

일곱 칠
(뜻)   (소리)

○ 다음 낱말을 큰 소리로 읽고, 그림과 함께 뜻을 생각해 보세요.

칠십

일곱 칠 + 열 십

북두칠성

북녘 북 + 말 두 + 일곱 칠 + 별 성

칠석

일곱 칠 + 저녁 석

칠월

일곱 칠 + 달 월

○ 이미 알고 있는 낱말에 ✓표를 하세요.

☐ 칠십   ☐ 북두칠성   ☐ 칠석   ☐ 칠월

○ 위 낱말마다 반복되는 글자를 찾아 붙임 딱지를 붙여 보세요.

붙임
딱지

붙임 딱지! 활용

어휘 익히기

● 다음 한자의 뜻을 생각해 보세요.

七 8급

'七'은 칼로 무엇을 자르는 그림을 본뜬 글자예요. 처음에는 '자르다'는 뜻으로 사용했지만, 점차 '일곱', '일곱 번'의 뜻을 나타내는 글자로 사용되었어요.

● 다음 낱말의 뜻을 알아보고, 빈칸을 채워 문장을 완성해 보세요.

| 일곱 | 칠 |
| 열 | 십 |

칠십

십의 일곱 배가 되는 수.

• 우리 할머니는 올해 ☐☐ 세가 되셨다.

북녘	북
말	두
일곱	칠
별	성

북두칠성

북쪽 하늘에 국자 모양을 이루며 가장 뚜렷하게 보이는 일곱 개의 별.

• 밤하늘에서 국자 모양을 한 ☐☐☐☐ 을 보았다.

| 일곱 | 칠 |
| 저녁 | 석 |

칠석

음력 7월 7일을 이르는 말.

• ☐☐ 에 견우와 직녀가 만난다는 전설이 있다.

친절한 샘 '칠석'에 은하수의 서쪽에 있는 직녀와 동쪽에 있는 견우가 만난다는 전설이 있어요.

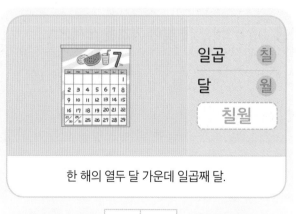

| 일곱 | 칠 |
| 달 | 월 |

칠월

한 해의 열두 달 가운데 일곱째 달.

• 우리 학교는 ☐☐ 중순에 여름 방학을 한다.

친절한 샘 '중순'은 '한 달 가운데에 11일에서 20일까지의 동안'을 뜻해요.

어휘 다지기 ⑪ 七 일곱 칠

1 빈칸에 들어갈 알맞은 낱말을 써 보세요. 241028-0069

    1 육십 – ☐☐ – 팔십 – 구십

    2 오월 – 유월 – ☐☐ – 팔월

2 다음 그림을 보고, '칠'이 들어가는 알맞은 낱말을 써 보세요. ▶ 241028-0070

☐☐

3 낱말의 뜻을 찾아 기호를 쓰세요. ▶ 241028-0071

> ㉠ 음력 7월 7일을 이르는 말.
> ㉡ 한 해의 열두 달 가운데 일곱째 달.
> ㉢ 북쪽 하늘에 국자 모양을 이루며 가장 뚜렷하게 보이는 일곱 개의 별.

    1 칠석 (   )   **2** 칠월 (   )   **3** 북두칠성 (   )

4 다음 중 '일곱 칠(七)'이 사용되지 <u>않은</u> 낱말은 무엇인가요? (   ) ▶ 241028-0072

    ① 칠백   ② 칠천   ③ 칠월

    ④ 색칠   ⑤ 북두칠성

5~6 다음 글을 읽고, 물음에 답해 보세요.

음력 칠월 칠 일은 '칠석'이에요. 칠석에는 견우와 직녀의 이야기가 전해 내려오지요.

어느 별나라에 옷감 짜는 일을 잘하는 직녀가 살았어요. 직녀는 결혼할 나이가 되어 이웃 별나라의 성실한 목동인 견우와 결혼을 하였어요. 견우와 직녀는 사랑에 빠져 하던 일을 모두 소홀히 하였지요. 그런 모습을 본 왕은 화가 나 견우와 직녀를 일 년에 한 번 음력 칠월 칠 일에만 만나게 하였어요. 둘은 만날 날만 기다리며 열심히 일했지만, 칠석에 비가 많이 내려 은하수를 건널 수 없었어요. 직녀의 슬픈 울음소리를 들은 까치들이 날아와 다리를 만들어 주었고, 덕분에 견우와 직녀는 만날 수 있었지요.

옛날부터 칠석날 아침에는 담장 위에 밥을 올려 두었어요. 견우와 직녀에게 다리를 만들어 준 까치에게 보답하는 의미이지요. 그리고 북두칠성을 바라보며 신에게 복을 빌기도 하고, 여자들은 칠석날 달빛 아래에서 바느질을 하며 소원을 빌기도 하였어요.

5 칠석에 전해 내려오는 이야기로 알맞은 것은 무엇인가요? (   )   ▶ 241028-0073

① 인어 공주　　　　　② 흑부리 영감　　　　　③ 콩쥐와 팥쥐
④ 견우와 직녀　　　　　⑤ 소가 된 게으름뱅이

6 칠석날 아침 담장 위에 밥을 올려 둔 이유는 무엇인가요? (   )   ▶ 241028-0074

① 까치에게 보답하기 위해서　　　　　② 신에게 소원을 빌기 위해서
③ 견우와 직녀의 슬픔을 나누려고　　　　　④ 마을 사람들과 나누어 먹기 위해서
⑤ 견우와 직녀에게 다리를 만들어 주기 위해서

어휘 더하기 - 칠전팔기

일곱 칠 + 넘어질 전 + 여덟 팔 + 일어날 기

일곱 번 넘어지고 여덟 번 일어난다는 뜻으로, 여러 번 실패하여도 굴하지 아니하고 꾸준히 노력함을 이르는 말.

과학자가 　　　　　　　　끝에 실험에 성공했다.

靑

푸를 **청** 이 들어간 어휘

○ 다음 한자의 뜻과 소리를 따라 써 보세요.

푸를 청

뜻   소리

○ 다음 낱말을 큰 소리로 읽고, 그림과 함께 뜻을 생각해 보세요.

청춘

푸를 청 + 봄 춘

청년

푸를 청 + 해 년

청색

푸를 청 + 빛 색

청출어람

축하한다.

모두 선생님이 잘 가르쳐 주신 덕분이에요!

푸를 청 + 날 출 + 어조사 어 + 쪽 람

○ 이미 알고 있는 낱말에 ✓표를 하세요.

☐ 청춘 ☐ 청년 ☐ 청색 ☐ 청출어람

○ 위 낱말마다 반복되는 글자를 찾아 붙임 딱지를 붙여 보세요.

붙임 딱지

붙임 딱지 활용

◉ 다음 한자의 뜻을 생각해 보세요.

8급

'靑'은 '새로운 생명이 태어남.'을 뜻하는 '生(날 생)' 자와 '우물'을 뜻하는 '井(우물 정)' 자가 합쳐진 글자로, '푸르다.', '젊다.' 등의 뜻이 있어요.

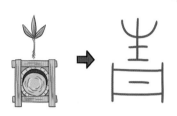

◉ 다음 낱말의 뜻을 알아보고, 빈칸을 채워 문장을 완성해 보세요.

푸를 청
봄 춘
청춘

새싹이 파랗게 돋아나는 봄철이라는 뜻으로, 젊은 나이 또는 그런 시절을 이르는 말.

• 할머니는 지나가는 여고생들을 보며

할머니의 □□ 시절을 떠올렸다.

푸를 청
해 년
청년

신체적·정신적으로 한창 성장하거나 무르익은 시기에 있는 사람.

• 마음이 맞는 □□ 들이 함께 모여

봉사 활동을 갔다.

친절한 샘 '청년'은 '성인 남자'라는 뜻으로도 사용돼요.

푸를 청
빛 색
청색

맑은 가을 하늘과 같이 밝고 선명한 푸른색.

• 10월의 높은 가을 하늘은 선명한

□□ 이었다.

푸를 청
날 출
어조사 어
쪽 람
청출어람

제자나 후배가 스승이나 선배보다 나음을 비유적으로 이르는 말.

• 선생님은 자신보다 멋진 연주를 하는

학생을 보고 □□□□ 이란

말을 떠올렸다.

靑 푸를 청

1 다음 낱말의 뜻을 알맞게 선으로 이어 보세요.

▶ 241028-0075

1 청춘 •

2 청년 •

3 청색 •

• ㉠ 맑은 가을 하늘과 같이 밝고 선명한 푸른색.

• ㉡ 신체적 · 정신적으로 한창 성장하거나 무르익은 시기에 있는 사람.

• ㉢ 새싹이 파랗게 돋아나는 봄철이라는 뜻으로, 젊은 나이 또는 그런 시절을 이르는 말.

2 다음 낱말에 어울리는 그림을 찾아 ○표를 하세요.

▶ 241028-0076

1
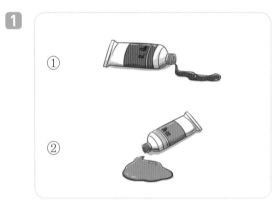
① ②

청색

2

① ②

청년

3 다음 상황에 가장 잘 어울리는 낱말에 ○표를 하세요.

▶ 241028-0077

선생님: 와, 지우가 그림을 배운 지 일 년밖에 되지 않았는데 선생님보다 더 잘 그리는구나.
지우: 선생님, 칭찬해 주셔서 감사합니다.

1 이팔청춘 (　　　) 　　2 청출어람 (　　　) 　　3 청산유수 (　　　)

4 빈칸에 들어갈 알맞은 낱말을 [보기]에서 찾아 써 보세요.

▶ 241028-0078

보기

청년　　청색　　청출어람

1 친구에게 선물 받은 (　　　　　　)의 가방이 정말 마음에 들었다.

2 그의 강연은 꿈을 이루기 위해 노력하는 (　　　　　　)들에게 깊은 감동을 주었다.

5~6 다음 글을 읽고, 물음에 답해 보세요.

> 조선 시대의 3대 화가 중 한 명인 신윤복은 대대로 화가였던 집안에서 태어났고, 어렸을 때부터 그림에 소질이 있었지요. 화가였던 아버지에게서 그림을 배운 신윤복은 아버지를 뛰어넘는 실력을 가진 화가로 청출어람이라는 평가를 받고 있어요. 신윤복은 주로 양반층의 놀이, 청춘 남녀의 사랑을 주제로 한 그림을 그렸어요. 부드러운 선을 이용해 자세하게 표현한 것이 특징이에요. 인물이나 배경을 세밀하게 그리고, 적색, 청색, 황색의 물감을 이용하여 또렷하게 색칠하였어요. 청년 시절 신윤복은 도화서의 화원이 되었지만, 당시의 사회 분위기와는 다른 그림을 그렸기 때문에 도화서에서 쫓겨났지요. 하지만 신윤복은 이런 상황에도 아랑곳하지 않고, 자신이 그리고 싶은 주제를 자유롭게 그렸어요.
>
> 신윤복의 그림을 통해 우리는 조선 시대 사람들의 생활 모습이나 풍속을 자세히 알 수 있지요.

👆친절한 샘 '도화서'는 조선 시대에, 그림에 관한 일을 맡아보던 기관이에요.

5 누구에 대해 설명하는 글인지 찾아 쓰세요.

▶ 241028-0079

6 신윤복이 청출어람이라는 평가를 받는 이유는 무엇인가요? (   )

▶ 241028-0080

① 조선 시대의 3대 화가라서
② 김홍도보다 그림을 잘 그려서
③ 도화서의 화원으로 능력을 인정받아서
④ 자유롭게 자기가 그리고 싶은 것을 그려서
⑤ 그림을 가르쳐 준 아버지를 뛰어넘는 실력을 인정받아서

 어휘 더하기 - 청록색

푸를 청 + 초록빛 록 + 빛 색

푸른빛을 띤 초록색.

나는 | | | | 물감으로 맑고 깨끗한 바다를 그렸다.

室 집 실 이 들어간 어휘

◎ 다음 한자의 뜻과 소리를 따라 써 보세요.

室 집 실

뜻   소리

◎ 다음 낱말을 큰 소리로 읽고, 그림과 함께 뜻을 생각해 보세요.

실내

집 실 + 안 내

실외

집 실 + 바깥 외

거실

살 거 + 집 실

화장실

될 화 + 단장할 장 + 집 실

○ 이미 알고 있는 낱말에 ✔표를 하세요.

☐ 실내 ☐ 실외 ☐ 거실 ☐ 화장실

○ 위 낱말마다 반복되는 글자를 찾아 붙임 딱지를 붙여 보세요.   붙임 딱지   붙임딱지 활용

◉ 다음 한자의 뜻을 생각해 보세요.

8급

室

'室'은 지붕을 나타내는 글자인 '宀(집 면)'과 '도달하다, 이르다.'라는 뜻을 가진 '至(이를 지)'가 합쳐진 글자로, 사람이 집 안에 이르러 쉬는 '집', '방'이라는 뜻이 있어요.

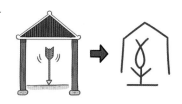

◉ 다음 낱말의 뜻을 알아보고, 빈칸을 채워 문장을 완성해 보세요.

| 집 | 실 |
| 안 | 내 |

실내

방이나 건물 따위의 안.

• 날씨가 더워져 [ ][ ] 에서 에어컨을 켰다.

| 집 | 실 |
| 바깥 | 외 |

실외

방이나 건물 따위의 밖.

• 날씨가 좋아서 [ ][ ] 에서 강아지와 뛰어놀았다.

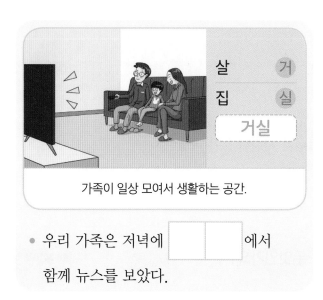

| 살 | 거 |
| 집 | 실 |

거실

가족이 일상 모여서 생활하는 공간.

• 우리 가족은 저녁에 [ ][ ] 에서 함께 뉴스를 보았다.

될	화
단장할	장
집	실

화장실

대소변을 보도록 만들어 놓은 곳.

• 갑자기 배가 아파 [ ][ ][ ] 에 다녀왔다.

👆친절한 샘 '화장실'은 '화장하는 데 필요한 가구나 도구를 갖추어 놓은 방'을 이르기도 해요.

어휘 다지기 ⑬ 室 집 실

1 다음 그림을 보고, '실'이 들어가는 알맞은 낱말을 써 보세요. ▶ 241028-0081

2 다음 낱말과 반대의 뜻을 가진 낱말을 [보기]에서 찾아 써 보세요. ▶ 241028-0082

보기

안   거실   실외   실수

실내 ↔ □□

3 빈칸에 공통으로 들어갈 낱말에 ○표를 하세요. ▶ 241028-0083

- □□□에서는 뛰어다니지 않아야 합니다.
- 날씨가 너무 더워 우리는 모두 □□□로 들어가 시원한 물을 마셨다.

1 실외 (   )   **2** 실내 (   )   **3** 야외 (   )

4 다음 중 '집 실(室)' 자가 사용되지 <u>않은</u> 낱말은 무엇인가요? (   ) ▶ 241028-0084

① 거실   ② 실패   ③ 화장실
④ 회의실   ⑤ 음악실

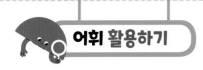
5~6 다음 글을 읽고, 물음에 답해 보세요.

옛날 우리나라 사람들이 살던 집은 초가집이나 기와집이었어요. 초가집과 기와집은 모두 자연에서 구하기 쉬운 재료들로 지었지요. 초가집은 흙으로 벽을 만들고 짚이나 갈대를 엮어 지붕을 얹은 집으로 주로 농민들이 살았어요. 기와집은 지붕에 기와를 올린 집으로 초가집보다 튼튼하며, 주로 양반들이 살았어요. 초가집과 기와집에는 온돌과 대청마루가 있었어요. 온돌은 아궁이에 나무를 때서 방을 따뜻하게 만들어 주는 것이고, 대청마루는 오늘날의 거실과 비슷한 역할을 하는 공간이에요. 오늘날 화장실이 실내에 있는 것과 달리, 옛날의 초가집과 기와집에는 화장실이 실외의 마당에 따로 있었어요. 초가집에 비해 기와집은 마당도 넓고, 여러 개의 건물을 지어 각각 다른 용도로 썼지요. 비슷한 듯 다른 초가집과 기와집은 모두 우리의 전통 가옥이에요.

5 빈칸에 들어갈 알맞은 낱말을 글에서 찾아 쓰세요.

▶ 241028-0085

1 ☐☐☐ : 지붕에 기와를 올린 집.

2 ☐☐ : 흙으로 벽을 만들고 짚을 엮어 지붕을 얹은 집.

6 대청마루는 오늘날의 무엇과 비슷하다고 하였나요? ( )

▶ 241028-0086

① 주방　　　　　② 현관　　　　　③ 거실
④ 화장실　　　　⑤ 베란다

어휘 **더하기** - 온실

따뜻할 **온** + 집 **실**

온도를 따뜻하게 하여 여러 가지 식물을 키울 수 있게 만든 구조물.

어머니는 ☐☐ 에서 딸기를 키우신다.

弟 아우 제 가 들어간 어휘

● 다음 한자의 뜻과 소리를 따라 써 보세요.

弟   아우 제

뜻   소리

● 다음 낱말을 큰 소리로 읽고, 그림과 함께 뜻을 생각해 보세요.

사제

스승 사 + 아우 제

자제

안녕하세요, 선생님. 자제분과 어디 가세요?

아들 자 + 아우 제

수제자

역시, 지수는 내 수제자야!

머리 수 + 아우 제 + 아들 자

난형난제

글쎄. 난형난제인걸?

누가 더 잘 그린 것 같아?

어려울 난 + 형 형 + 어려울 난 + 아우 제

○ 이미 알고 있는 낱말에 ✓표를 하세요.

☐ 사제   ☐ 자제   ☐ 수제자   ☐ 난형난제

○ 위 낱말마다 반복되는 글자를 찾아 붙임 딱지를 붙여 보세요.   붙임 딱지   붙임 딱지 | 활용

● 다음 한자의 뜻을 생각해 보세요.

弟 8급 '弟'는 나무 기둥에 줄을 감은 모습을 본떠 만든 글자예요. 순서대로 줄을 묶는다는 것에서 '순서'를 나타내는 글자였지만, '형제간의 순서'라는 뜻에서 '나이 어린 사람', '동생'이란 뜻이 있어요.

● 다음 낱말의 뜻을 알아보고, 빈칸을 채워 문장을 완성해 보세요.

스승 사 / 아우 제 → **사제**

스승과 제자를 아울러 이르는 말.

• 선생님과 나는 ☐☐ 관계이다.

👉 친절한 샘 여기서 '제'는 '제자'라는 뜻으로 사용되었어요.

아들 자 / 아우 제 → **자제**

남을 높여 그의 아들을 이르는 말.

• 그분의 ☐☐ 는 어렸을 때부터 훌륭한 성품으로 소문이 자자했다.

👉 친절한 샘 '자자하다.'는 '여러 사람의 입에 오르내려 떠들썩하다.'는 뜻이에요.

머리 수 / 아우 제 / 아들 자 → **수제자**

여러 제자 가운데 배움이 가장 뛰어난 제자.

• 선생님이 세영이를 ☐☐☐ 라고 칭찬했다.

👉 친절한 샘 여기서도 '제'가 '제자'라는 뜻으로 사용되었어요.

어려울 난 / 형 형 / 어려울 난 / 아우 제 → **난형난제**

누구를 형이라 하고 누구를 아우라 하기 어렵다. 두 사물이 비슷하여 낫고 못함을 정하기 어려움을 뜻함.

• 둘의 실력이 ☐☐☐☐ 라서 누가 이길지 예측하기 어려웠다.

어휘 다지기 14 弟 아우 제

1 다음에서 설명하는 낱말을 [보기]에서 찾아 써 보세요.   ▶ 241028-0087

> **보기**
>
> 사제   자제   수제자   난형난제

1 스승과 제자를 아울러 이르는 말. (   )

2 남을 높여 그의 아들을 이르는 말. (   )

3 여러 제자 가운데 배움이 가장 뛰어난 제자. (   )

2 다음 뜻을 가진 낱말에 ○표를 하세요.   ▶ 241028-0088

> 누구를 형이라 하고 누구를 아우라 하기 어렵다는 뜻으로, 두 사물이 비슷하여 낫고 못함을 정하기 어려움을 이르는 말.

1 형제 (   )   2 난형난제 (   )   3 호형호제 (   )

3 밑줄 친 낱말의 사용이 어색한 문장에 ×표를 하세요.   ▶ 241028-0089

1 우리 선생님은 나를 수제자라고 부르며 칭찬하셨다. (   )

2 하이든은 베토벤에게 음악을 가르쳤다. 하이든과 베토벤은 사제 관계이다. (   )

3 서우와 나는 어릴 때부터 친형제보다 더 가깝게 지내며 난형난제하는 사이이다. (   )

4 다음 빈칸에 들어갈 알맞은 말은 무엇인가요? (   )   ▶ 241028-0090

> 두 사람의 실력이 워낙 [   ](이)라 누가 더 잘했다고 말하기 어려웠다.

① 난형난제   ② 오락가락   ③ 호형호제

④ 호위호식   ⑤ 형제의 난

✓ 정답과 해설 14쪽

5~6 다음 글을 읽고, 물음에 답해 보세요.

오스트리아의 작곡가인 하이든은 1732년 가난한 목수의 아들로 태어났어요. 어렸을 때부터 음악적 재능이 돋보였던 하이든은 음악 선생님 집에서 집안일을 도와주며 성악, 피아노, 바이올린 등 음악 교육을 받았어요. 가난했던 하이든은 귀족 집안의 자제들을 가르치며 생활을 유지했어요. 음악적 재능뿐 아니라 가르치는 능력도 뛰어났던 하이든을 수많은 제자들이 따랐지요.

음악의 천재라고 불리는 모차르트도 하이든의 수제자예요. 모차르트는 하이든에게 깊은 존경심을 가지고 있었어요. 모차르트는 하이든과 단순한 사제 관계를 넘어서 하이든을 '아버지'라고 부를 정도로 잘 따랐고, 하이든은 모차르트에게 음악적으로 많은 영향을 주었어요. 하지만 스승과 제자였던 하이든과 모차르트의 음악 실력은 누가 더 훌륭하다고 할 수 없을 만큼 난형난제이지요.

5 빈칸에 들어갈 알맞은 말을 글에서 찾아 쓰세요.

> 241028-0091

음악의 천재라고 불리는 **1** ☐☐☐☐ 는 하이든의 **2** ☐☐☐ 이다.

6 하이든에 대한 설명으로 알맞은 것을 <u>두 가지</u> 고르세요. (　　,　　)

> 241028-0092

① 모차르트를 가르쳤다.　　　② 베토벤과 친구 관계였다.
③ 가난한 집안에서 태어났다.　　　④ 모차르트를 아버지라고 불렀다.
⑤ 모차르트에게 존경심을 가지고 있었다.

어휘 더하기 - 처제

아내 처 + 아우 제

> 어서 와, 처제.
> 이모, 안녕하세요?

아내의 여자 동생을 이르거나 부르는 말.

엄마의 여동생인 이모를 우리 아빠는 ☐☐ 라고 부르신다.

十 열 십 이 들어간 어휘

○ 다음 한자의 뜻과 소리를 따라 써 보세요.

○ 다음 낱말을 큰 소리로 읽고, 그림과 함께 뜻을 생각해 보세요.

수십

셈 수 + 열 십

십분

그 마음, 십분 이해합니다.

끄덕   끄덕

열 십 + 나눌 분

십년지계

십 년 뒤에는……

열 십 + 해 년 + 어조사 지 + 셀 계

십년지기

우리는

십년지기 친구들!

열 십 + 해 년 + 알 지 + 몸 기

○ 이미 알고 있는 낱말에 ✓표를 하세요.

☐ 수십 ☐ 십분 ☐ 십년지계 ☐ 십년지기

○ 위 낱말마다 반복되는 글자를 찾아 붙임 딱지를 붙여 보세요.

붙임 딱지

붙임 딱지 활용

● 다음 한자의 뜻을 생각해 보세요.

 8급

'十'은 '열'이나 '열 번'을 뜻하는 한자예요. 옛날에는 이렇게 막대기를 세우는 방식으로 숫자 10을 표시했는데, 점차 세로획 중간에 점이 찍힌 형태로 발전하면서 지금의 '十' 자가 만들어졌어요.

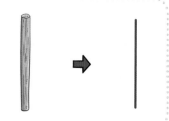

● 다음 낱말의 뜻을 알아보고, 빈칸을 채워 문장을 완성해 보세요.

셈 수
열 십
수십

십의 여러 배가 되는 수.

• ☐☐ 명의 사람들이 줄을 서 있다.

열 십
나눌 분
십분

그 마음, 십분 이해합니다.

아주 충분히.

• 나는 너를 ☐☐ 이해한다.

열 십
해 년
어조사 지
셀 계
십년지계

십 년 뒤에는······.

앞으로 십 년을 내다보고 세우는 계획.

• 우리는 회사의 미래를 위한

☐☐☐☐ 를 고민했다.

열 십
해 년
알 지
몸 기
십년지기

우리는 십년지기 친구들!

오래전부터 친히 사귀어 잘 아는 사람.

• 우리 셋은 어려서부터 함께 자란

☐☐☐☐ 이다.

어휘 다지기 15 十 열 십

1 다음 낱말의 뜻을 알맞게 선으로 이어 보세요. ▶ 241028-0093

1 수십 •

2 십분 •

• ㉠ 아주 충분히.

• ㉡ 십의 여러 배가 되는 수.

2 다음 그림을 보고, '십'으로 시작하는 알맞은 낱말을 써 보세요. ▶ 241028-0094

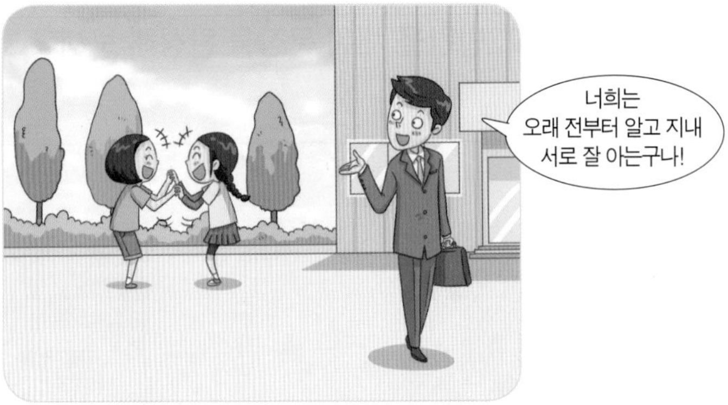
너희는
오래 전부터 알고 지내
서로 잘 아는구나!

3 밑줄 친 낱말의 뜻이 다른 문장에 △표를 하세요. ▶ 241028-0095

1 답답한 마음은 십분 이해합니다. (   )

2 나는 십 분 전부터 숙제를 시작했다. (   )

3 나는 부모님께 배운 것을 십분 활용했다. (   )

4 빈칸에 알맞은 낱말을 [보기]에서 찾아 써 보세요. ▶ 241028-0096

보기

십년지계 십년지기 십시일반

1 나는 [   ]를 세워 꾸준히 발전할 것이다.

2 우리는 [   ]답게 말하지 않아도 서로의 마음을 안다.

5~6 다음 글을 읽고, 물음에 답해 보세요.

> 십 대는 인생의 십년지계를 세우는 시기예요. 이 시기에는 앞으로 수십 년의 인생을 행복하게 보낼 수 있도록 자신에 대해 깊이 이해하고, 좋은 친구를 사귀는 것이 중요해요. 자신에 대해 잘 알기 위해서는 새롭고 다양한 경험을 해 보는 것이 좋아요. 이 과정에서 내가 좋아하는 것과 중요하게 생각하는 것이 무엇인지 찾을 수 있지요. 십 대에는 또래 친구들의 영향을 많이 받지요. 그래서 좋은 친구를 사귀어야 해요. 좋은 친구란 서로 믿고 지지해 줄 수 있는 친구, 나와 마음이 잘 통하는 친구예요. 십년지기 친구처럼 서로의 마음을 십분 이해해 주는 친구와 함께 지내면, 건강한 마음을 기르는 데에도 도움이 되지요.

5 윗글의 내용과 일치하지 <u>않는</u> 것은 무엇인가요? (   )   ▶ 241028-0097

① 십 대는 인생의 계획을 세우는 시기이다.
② 십 대에는 친구 관계를 중요하게 생각한다.
③ 십 대는 자신에 대해 고민하며 알아 가는 시기다.
④ 십 대에는 안전을 위해 주로 집에만 있는 것이 좋다.
⑤ 새롭고 다양한 경험을 하는 것은 자신에 대해 이해하는 데에 도움이 된다.

6 글쓴이의 생각을 잘 이해한 친구의 말에 ○표를 하세요.   ▶ 241028-0098

1 현서: 좋은 친구란, 공부를 잘하고 인기가 많은 친구야. (   )

2 승원: 좋은 친구란, 서로 믿고 지지해 줄 수 있는 친구야. (   )

어휘 더하기 – 십시일반

열 십 + 숟가락 시 + 한 일 + 밥 반

> 내 것 나눠줄게.
> 같이 먹자.
> 이것도 먹어 봐.

'열 사람이 한 숟가락씩 보태면 한 사람 먹을 양이 된다.'라는 뜻으로, 여러 사람이 힘을 합치면 한 사람을 돕기는 쉽다는 말.

영우가 도시락을 안 가지고 와서 친구들끼리

으로 음식을 나누어 먹었다.

1 밑줄 친 글자의 뜻을 알맞게 선으로 이어 보세요. ▶241028-0099

1 청<u>년</u>　•　　　　　•　㉠ 집
2 <u>화</u>장실　•　　　　•　㉡ 일곱
3 북두<u>칠</u>성　•　　　　•　㉢ 푸르다

2 빈칸에 공통으로 들어갈 글자는 무엇인가요? (　　　) ▶241028-0100

- 아주 충분히. → □분
- 앞으로 십 년을 내다보고 세우는 계획. → □년지계
- 오래전부터 친히 사귀어 잘 아는 사람. → □년지기

① 육　　② 칠　　③ 팔　　④ 구　　⑤ 십

3 그림에 어울리는 낱말을 [보기]에서 찾아 써 보세요. ▶241028-0101

보기

거실　수십　청년　자제　사제

1 (　　　　)　　2 (　　　　)　　3 (　　　　)

4 다음 뜻을 가진 낱말을 [보기]에서 찾아 써 보세요. ▶241028-0102

보기

십년지기　청출어람　난형난제　십년지계

1 제자나 후배가 스승이나 선배보다 나음을 비유적으로 이르는 말. ➡ (　　　　　　)
2 누구를 형이라 하고 누구를 아우라 하기 어렵다는 뜻으로, 두 사물이 비슷하여 낫고 못함을 정하기 어려움을 이르는 말. ➡ (　　　　　　)

○ 다음 한자의 뜻을 생각해 보세요.

8급

'小'는 점 세 개의 모습을 본떠 만든 글자로 '작다', '어리다'는 뜻을 나타내요.

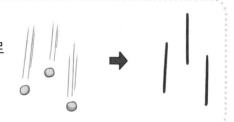

○ 다음 낱말의 뜻을 알아보고, 빈칸을 채워 문장을 완성해 보세요.

작을 소
아이 아

소아

나이가 적은 아이.

• 감기에 걸려서 아버지와 함께 어린이를 치료하는 ☐☐ 청소년과에 갔다.

큰 대
작을 소

대소

크고 작음.

• 우리 가족은 일의 ☐☐ 와 상관없이 모든 일을 함께 했다.

작을 소
오줌 변

소변

'오줌'을 점잖게 이르는 말.

• 갑자기 ☐☐ 이 마려워 화장실에 갔다.

가장 최
작을 소
한할 한

최소한

가장 적게 잡아도.
또는 일정한 조건에서 가능한 한 가장 적게.

• 여행을 갈 때 짐은 꼭 필요한 것만 ☐☐☐ 으로 챙겨야 한다.

친절한 샘 '최소한'은 '일정한 조건에서 더 이상 줄이기 어려운 가장 작은 한도'라는 뜻도 있어요.

1 낱말의 뜻을 보고, 빈칸에 들어갈 알맞은 글자를 쓰세요.　241028-0103

1 크고 작음. ➡ 대 [　]

2 나이가 적은 아이. ➡ [　] 아

2 다음 뜻을 가진 낱말에 ○표를 하세요.　241028-0104

가장 적게 잡아도. 또는 일정한 조건에서 가능한 한 가장 적게.

1 대소 (　　)　　2 최소한 (　　)　　3 최대한 (　　)

3 다음 중 '작을 소(小)' 자가 사용되지 <u>않은</u> 낱말은 무엇인가요? (　　)　241028-0105

① 소아　　② 소원　　③ 최소한
④ 대소변　　⑤ 소심하다

4 빈칸에 들어갈 알맞은 낱말을 [보기]에서 찾아 써 보세요.　241028-0106

보기
소아　대소　소변　최소한

1 성인에 비해 [　　] 는 감기에 더 잘 걸린다.

2 여기는 맛집이라 음식을 먹으려면 [　　] 삼십 분은 기다려야 한다.

✓ 정답과 해설 16쪽

5~6 다음 글을 읽고, 물음에 답해 보세요.

> 겨울철이나 환절기에는 감기에 걸리는 사람이 많아요. 감기를 일으키는 바이러스는 약 200개가 넘지요. 감기에 걸린 사람이 재채기나 기침을 해서 감기 바이러스가 외부로 나오면, 공기 중에 감기 바이러스가 떠돌다가 다른 사람의 입이나 코에 닿아 감기에 걸리게 돼요. 감기에 걸리면 코가 막히고 콧물이 나며, 기침을 하기도 하지요. 소아들은 열이 나는 경우가 많아요.
>
> 감기에 걸렸을 때 빨리 낫기 위해서는 최소한 2~3일은 충분한 휴식을 취해야 해요. 열이 난다면 자주 소변을 보게 되는 것이 불편하더라도 물을 많이 마셔야 해요. 목과 코를 보호하기 위해 실내가 건조하지 않게 가습기를 틀거나 젖은 수건을 걸어 두는 것도 도움이 되지요. 입맛이 없더라도 밥을 잘 챙겨 먹는 것도 중요해요. 감기의 증상이 심하다면 소아청소년과에 가서 진찰을 받는 것이 좋아요.

5 윗글의 내용으로 알맞은 것에 ○표를 하세요.

241028-0107

1 감기에 걸리면 코가 막히고 콧물이 난다. (   )

2 감기를 일으키는 바이러스는 약 20가지이다. (   )

3 감기에 걸리면 실내를 건조하게 유지하는 것이 좋다. (   )

6 감기에 걸리게 되는 이유는 무엇인가요? (   )

241028-0108

① 음식을 골고루 먹어서
② 몸무게가 적게 나가서
③ 운동을 규칙적으로 해서
④ TV를 오랜 시간 동안 봐서
⑤ 공기 중에 떠돌던 바이러스가 몸에 들어와서

어휘 더하기 - 대동소이

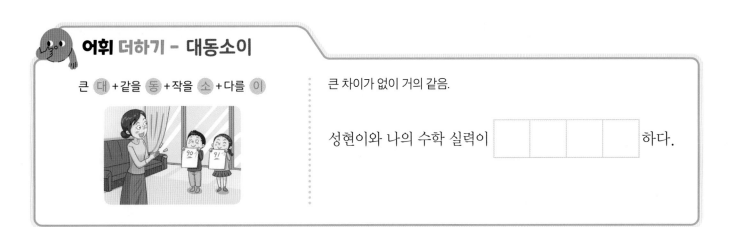

큰 대 +같을 동 +작을 소 +다를 이

큰 차이가 없이 거의 같음.

성현이와 나의 수학 실력이 □□□□ 하다.

水 물 수 가 들어간 어휘

◉ 다음 한자의 뜻과 소리를 따라 써 보세요.

물 수

뜻   소리

◉ 다음 낱말을 큰 소리로 읽고, 그림과 함께 뜻을 생각해 보세요.

수영

물 수 + 헤엄칠 영

수심

물 수 + 깊을 심

수분

물 수 + 나눌 분

해수욕장

바다 해 + 물 수 + 목욕할 욕 + 마당 장

○ 이미 알고 있는 낱말에 ✓표를 하세요.

☐ 수영 ☐ 수심 ☐ 수분 ☐ 해수욕장

○ 위 낱말마다 반복되는 글자를 찾아 붙임 딱지를 붙여 보세요. 붙임 딱지 붙임 딱지 활용

어휘 익히기

○ 다음 한자의 뜻을 생각해 보세요.

水 8급

'水'는 물이 흐르는 모습을 본뜬 글자예요. 그래서 '水'는 '물', '액체', '강물' 등 '물'과 관련된 뜻을 나타내요.

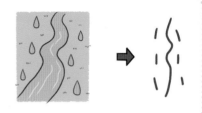

○ 다음 낱말의 뜻을 알아보고, 빈칸을 채워 문장을 완성해 보세요.

| 물 | 수 |
| 헤엄칠 | 영 |

수영

스포츠나 놀이로서 물속을 헤엄치는 일.

• 바닷가에서 태어나서 자란 재호는 ☐☐ 을 매우 잘한다.

| 물 | 수 |
| 깊을 | 심 |

수심

강이나 바다, 호수 따위의 물의 깊이.

• 여기는 ☐☐ 이 깊어 위험하다.

| 물 | 수 |
| 나눌 | 분 |

수분

축축한 물의 기운.

• 날씨가 더운 여름에는 ☐☐ 을 충분히 섭취해야 한다.

바다	해
물	수
목욕할	욕
마당	장

해수욕장

해수욕을 할 수 있는 환경과 시설이 갖추어진 바닷가.

• 가족들과 ☐☐☐☐ 에서 물놀이를 했다.

👆**친절한 샘** '섭취하다.'는 '생물체가 양분 따위를 몸속에 빨아들이다.'라는 뜻이에요.

水 물 수

1 다음 그림을 보고, '수'가 들어가는 알맞은 낱말을 써 보세요.   ▶ 241028-0109

2 낱말의 뜻을 찾아 기호를 쓰세요.   ▶ 241028-0110

> ㉠ 축축한 물의 기운.
> ㉡ 강이나 바다, 호수 따위의 물의 깊이.

1 수심 (   )   **2** 수분 (   )

3 빈칸에 들어갈 알맞은 낱말을 [보기]에서 찾아 써 보세요.   ▶ 241028-0111

보기

> 수영   수심   수분   해수욕장

1 바다로 여행을 가니 하루 종일 바다에서 (   )을 할 수 있어서 좋았다.

2 더운 날 달리기를 했더니 갈증이 나서 (   )을 보충하기 위해 음료수를 마셨다.

4 다음 중 밑줄 친 낱말의 쓰임이 <u>어색한</u> 것은 무엇인가요? (   )   ▶ 241028-0112

① 수박은 <u>수분</u>이 많은 과일이다.
② 나는 작년부터 <u>수영</u>을 배우기 시작했다.
③ <u>해수욕장</u>에서 모래찜질을 하며 여름을 즐겼다.
④ 이 수영장은 <u>수심</u>이 낮아 마음 편히 놀 수 있었다.
⑤ 우리 마을에 흐르는 강물은 <u>수심</u>이 나빠 사람들이 물놀이를 하지 않는다.

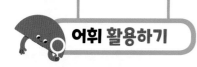
5~6 다음 글을 읽고, 물음에 답해 보세요.

여름에 사람들은 해수욕장을 많이 찾아요. 해수욕장은 물놀이를 할 수 있는 환경과 시설이 갖춰진 바닷가를 말하지요. 넓게 펼쳐진 모래사장과 시원한 바닷물에서 더위를 잊고 즐거운 시간을 보낼 수 있어요.

해수욕장에서 수영을 할 때 주의할 점이 있어요. 물에 들어가기 전에는 준비 운동을 해야 해요. 준비 운동을 했다면 물을 천천히 몸에 묻히고 물에 들어가야 해요. 이렇게 하지 않고 차가운 물에 갑자기 들어가면 우리의 몸이 놀라 다칠 수 있기 때문이지요. 바다는 수심을 알기 어렵고 갑자기 깊어지는 지점도 있어서 너무 깊은 곳이나 사람들이 없는 곳에는 가지 않아야 해요. 그리고 중간중간 물에서 나와 휴식을 취하며 충분한 수분을 섭취해야 해요. 이런 주의점을 잘 기억하여 안전한 물놀이를 해요.

5 빈칸에 들어갈 알맞은 낱말을 글에서 찾아 쓰세요.

▶ 241028-0113

: 물놀이를 할 수 있는 환경과 시설이 갖춰진 바닷가.

6 윗글의 내용으로 알맞지 <u>않은</u> 것은 무엇인가요? (　　　)

▶ 241028-0114

① 해수욕장은 수심이 일정하다.
② 바다에서 너무 깊은 곳에는 가지 않는다.
③ 여름철에 사람들이 해수욕장에 많이 간다.
④ 물에 들어가기 전에는 준비 운동을 해야 한다.
⑤ 물놀이를 할 때는 중간중간 물에서 나와 휴식을 취해야 한다.

어휘 더하기 - 홍수

큰물 홍 + 물 수

비가 많이 와서 강이나 개천에 갑자기 크게 불은 물.

작년 여름에 [　　] 가 나서 길거리에 있던 차들이 물에 휩쓸려 갔다.

土 흙 **토** 가 들어간 어휘

◯ 다음 한자의 뜻과 소리를 따라 써 보세요.

土 흙 토
   뜻 소리

◯ 다음 낱말을 큰 소리로 읽고, 그림과 함께 뜻을 생각해 보세요.

토요일

흙 토 + 빛날 요 + 날 일

영토

독도는 대한민국의 영토!

거느릴 영 + 흙 토

토대

집을 지을 땐 토대를 잘 다져야 해.

흙 토 + 대 대

토지

흙 토 + 땅 지

○ 이미 알고 있는 낱말에 ✓표를 하세요.

☐ 토요일 ☐ 영토 ☐ 토대 ☐ 토지

○ 위 낱말마다 반복되는 글자를 찾아 붙임 딱지를 붙여 보세요.

붙임 딱지

붙임 딱지 활용

토

○ 다음 한자의 뜻을 생각해 보세요.

8급

'土'는 땅 위에서 새싹이 자라나는 모습을 그린 것에서 만들어진 글자예요. 그래서 '흙', '토양', '땅'의 뜻이 있어요.

○ 다음 낱말의 뜻을 알아보고, 빈칸을 채워 문장을 완성해 보세요.

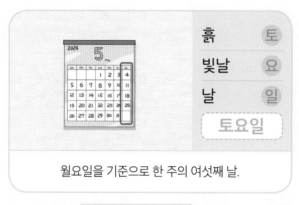

흙	토
빛날	요
날	일

토요일

월요일을 기준으로 한 주의 여섯째 날.

• 이번 주 ☐☐☐ 은 아빠의 생신이다.

| 거느릴 | 영 |
| 흙 | 토 |

영토

국가의 통치권이 미치는 구역.

• 독도는 우리나라의 ☐☐ 이다.

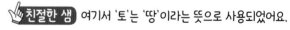
🖐️ 친절한 샘 여기서 '토'는 '땅'이라는 뜻으로 사용되었어요.

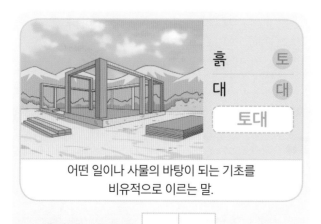

| 흙 | 토 |
| 대 | 대 |

토대

어떤 일이나 사물의 바탕이 되는 기초를 비유적으로 이르는 말.

• 해외에 진출할 ☐☐ 를 마련하기 위해 열심히 연구했다.

🖐️ 친절한 샘 '토대'는 '건축에서 가장 기초가 되는 부분'이라는 뜻도 있어요.

| 흙 | 토 |
| 땅 | 지 |

토지

사람들이 생활하고 활동하는 데 이용하는 땅.

• 우리 고장은 ☐☐ 가 비옥해 농작물이 잘 자란다.

🖐️ 친절한 샘 '비옥해'는 '땅이 걸고 기름져'라는 뜻이에요.

1 다음 낱말의 뜻을 알맞게 선으로 이어 보세요. ▶ 241028-0115

1 토지 •

2 영토 •

3 토요일 •

• ㉠ 국가의 통치권이 미치는 구역.

• ㉡ 월요일을 기준으로 한 주의 여섯째 날.

• ㉢ 사람들이 생활하고 활동하는 데 이용하는 땅.

2 빈칸에 들어갈 알맞은 낱말에 ○표를 하세요. ▶ 241028-0116

- 국어 시간에 배운 내용을 □□□□로 학급 회의를 진행했다.
- 우리 모둠은 조사한 내용을 □□□□로 발표를 준비했다.
- 그 소설은 작가가 겪은 일을 □□□□로 쓴 것이다.

1 토지 (   )　　　2 토대 (   )　　　3 토요일 (   )

3 다음 낱말의 밑줄 친 글자의 뜻은 무엇인가요? (   ) ▶ 241028-0117

| 토지　　　영토　　　토대　　　토요일 |

① 흙　　　② 물　　　③ 산　　　④ 강　　　⑤ 바다

4 빈칸에 들어갈 알맞은 낱말을 [보기]에서 찾아 써 보세요. ▶ 241028-0118

보기

| 토지　　　영토　　　토대 |

1 아무것도 없던 □□ 를 잘 가꾸어 공원으로 만들었다.

2 두 나라는 □□ 를 넓히기 위한 전쟁을 계속했다.

어휘 활용하기

정답과 해설 **17**쪽

5~6 다음 글을 읽고, 물음에 답해 보세요.

> 광개토 대왕은 고구려의 제19대 왕으로, 고구려의 영토를 최대로 넓혔던 왕이에요. 광개토 대왕의 이름은 이런 업적 때문에 붙여진 이름이지요. '넓을 광(廣)', '열 개(開)', '흙 토(土)' 자를 쓴 '광개토'는 글자 그대로 '넓게 토지를 열었다'는 뜻이에요.
>
> 18세의 이른 나이에 왕위에 오른 광개토 대왕은 영토를 확장하는 데 힘썼어요. 막강한 군사력과 뛰어난 용맹함으로 고구려를 침입한 백제를 물리치고, 한강 너머까지 고구려의 땅으로 만들었지요. 그리고 북쪽으로는 만주까지 영토를 넓혔어요. 당시 힘이 약한 나라였던 신라가 왜의 침입으로 힘들어하던 시기에 광개토 대왕은 신라로 군사를 보내 왜를 물리치기도 하였어요. 39세의 나이에 세상을 떠난 광개토 대왕은 고구려가 동북아시아에서 가장 힘이 센 나라가 되는 토대를 다진 위대한 왕이에요.

5 누구에 대한 글인지 빈칸에 알맞은 말을 찾아 쓰세요.

241028-0119

대왕

6 이 글의 내용으로 알맞지 <u>않은</u> 것에 ×표를 하세요.

241028-0120

1 광개토 대왕은 18세에 왕이 되었다. (   )

2 광개토 대왕의 이름은 그의 업적과 관련이 있다. (   )

3 광개토 대왕이 통치하던 시기에 고구려는 백제와 사이가 좋았다. (   )

어휘 더하기 - 국토

나라 國 + 흙 土

나라의 땅. 한 나라의 통치권이 미치는 지역(영토, 영해, 영공)을 이르는 말.

는 땅뿐 아니라 바다와 하늘을 포함해서 한 나라가 다스리는 영역을 말한다.

18일 흙 **토**가 들어간 어휘 **81**

中
가운데 **중** 이 들어간 어휘

공부한 날짜   월   일

○ 다음 한자의 뜻과 소리를 따라 써 보세요.

가운데 중
뜻   소리

○ 다음 낱말을 큰 소리로 읽고, 그림과 함께 뜻을 생각해 보세요.

중앙

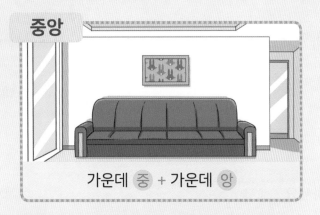

가운데 중 + 가운데 앙

집중

모을 집 + 가운데 중

명중

목숨 명 + 가운데 중

백발백중

일백 백 + 필 발 + 일백 백 + 가운데 중

○ 이미 알고 있는 낱말에 ✓표를 하세요.

☐ 중앙 ☐ 집중 ☐ 명중 ☐ 백발백중

○ 위 낱말마다 반복되는 글자를 찾아 붙임 딱지를 붙여 보세요.   붙임 딱지   붙임 딱지 활용

윗급

어휘 익히기

● 다음 한자의 뜻을 생각해 보세요.

8급

中

'中'은 '가운데'나 '속', '안'이라는 뜻을 가진 한자예요. '中'은 물건이나 땅의 가운데에 꽂힌 깃발 모습을 본떠 만든 글자로 '중앙', '맞다.'를 뜻하기도 하고, 사람의 중앙인 '마음'이라는 뜻도 있어요.

● 다음 낱말의 뜻을 알아보고, 빈칸을 채워 문장을 완성해 보세요.

| 가운데 | 중 |
| 가운데 | 앙 |

중앙

사방의 중심이 되는 한가운데.

• 벽의 ☐☐ 에 액자를 걸다.

| 모을 | 집 |
| 가운데 | 중 |

집중

한 가지 일에 모든 힘을 쏟아부음.

• ☐☐ 하면 더욱 효과적으로 공부할 수 있다.

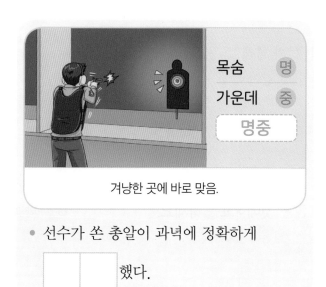

| 목숨 | 명 |
| 가운데 | 중 |

명중

겨냥한 곳에 바로 맞음.

• 선수가 쏜 총알이 과녁에 정확하게 ☐☐ 했다.

친절한 샘 여기서 '중'은 '맞다'라는 뜻으로 사용되었어요.

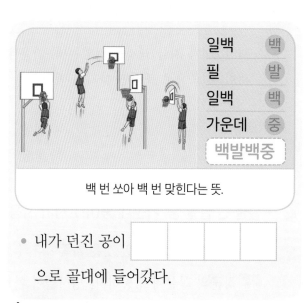

일백	백
필	발
일백	백
가운데	중

백발백중

백 번 쏘아 백 번 맞힌다는 뜻.

• 내가 던진 공이 ☐☐☐☐ 으로 골대에 들어갔다.

친절한 샘 여기서도 '중'이 '맞다'라는 뜻으로 사용되었어요.

中 가운데 **중**

1 다음 뜻을 가진 낱말을 [보기]에서 찾아 써 보세요.　　　　　▶ 241028-0121

보기

중앙　　집중　　명중

1 겨냥한 곳에 바로 맞음. (　　　　　　)

2 사방의 중심이 되는 한가운데. (　　　　　　)

3 한 가지 일에 모든 힘을 쏟아부음. (　　　　　　)

2 다음 그림을 보고, '가운데 중(中)'이 들어가는 알맞은 낱말을 써 보세요.　　　　　▶ 241028-0122

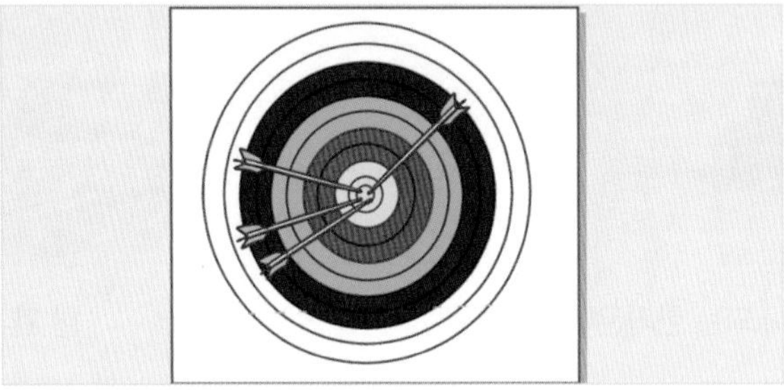

백			

3 다음 대화의 빈칸에 들어갈 알맞은 낱말은 무엇인가요? (　　　　)　　　　　▶ 241028-0123

재인: 내가 지금 액자를 걸었는데, 가운데인지 좀 봐 줄래?
재희: 왼쪽으로 조금만 옮기면 벽의 [　　　　]일 것 같아.

① 중앙　　　　　　② 집중　　　　　　③ 명중
④ 적중　　　　　　⑤ 도중

4 밑줄 친 낱말 중 '가운데 중(中)' 자가 사용되지 않은 것에 ×표를 하세요.　　　　　▶ 241028-0124

1 나에게 가장 소중한 것은 가족이다. (　　　　)

2 장군의 화살이 명중하자, 병사들이 환호했다. (　　　　)

3 집중을 하지 않으면 책상에 앉아 있어도 공부가 되지 않는다. (　　　　)

 **어휘 활용하기**

정답과 해설 17쪽

5~6 다음 글을 읽고, 물음에 답해 보세요.

우리나라는 옛날부터 활과 화살을 잘 만들고 사용했어요. 지금은 활과 화살로 과녁의 중앙을 맞히는 스포츠인 '양궁'에서 뛰어난 실력을 보여 주고 있어요.

우리나라는 공정한 과정을 통해 국가 대표 양궁 선수를 뽑는 것으로도 유명해요. 과거에 메달을 따거나 신기록을 세웠던 선수라도 선발전을 다시 치러야 하지요. 그리고 국가 대표 선수들이 국제 경기에서 최선의 실력을 발휘할 수 있도록 체계적인 훈련도 해요. 혹독한 기초 체력 훈련을 통해 경기 시간 동안 집중할 수 있도록 하고, 실제와 똑같은 세트장을 만들어 경기장에 익숙해질 수 있도록 하지요. 또 어떤 경우에도 백발백중할 수 있도록, 소음과 비바람 속에서 화살을 명중시키는 훈련도 해요.

5 양궁에 해당하는 그림을 찾아 ○표 하세요.

▶ 241028-0125

1  (   )

2  (   )

3  (   )

6 윗글에서 설명하는 우리나라 양궁 국가 대표에 대한 사실이 <u>아닌</u> 것은 무엇인가요? (   )

▶ 241028-0126

① 선수를 공정하게 뽑는다.
② 뛰어난 실력을 보여 주고 있다.
③ 혹독한 기초 체력 훈련을 한다.
④ 신기록을 세운 선수도 선발전을 다시 치른다.
⑤ 집중력을 위해 조용한 곳에서만 훈련한다.

어휘 더하기 – 중심

가운데 중 + 마음 심

사물의 한가운데. 중요하고 기본이 되는 부분.

화살이 과녁의 [   ][   ]을 꿰뚫었다.

外 바깥 외가 들어간 어휘

○ 다음 한자의 뜻과 소리를 따라 써 보세요.

外   바깥 외
        뜻   소리

○ 다음 낱말을 큰 소리로 읽고, 그림과 함께 뜻을 생각해 보세요.

야외

들 야 + 바깥 외

외출

다녀오겠습니다!

바깥 외 + 날 출

내외

야구장 내외가 관중으로 꽉 찼습니다.

안 내 + 바깥 외

외국인

바깥 외 + 나라 국 + 사람 인

○ 이미 알고 있는 낱말에 ✓표를 하세요.

☐ 야외 ☐ 외출 ☐ 내외 ☐ 외국인

○ 위 낱말마다 반복되는 글자를 찾아 붙임 딱지를 붙여 보세요.   붙임 딱지   붙임 딱지1 활용

● 다음 한자의 뜻을 생각해 보세요.

8급

'外'는 '夕(저녁 석)'과 '卜(점 복)'이 합쳐진 글자예요. 저녁에 점을 치러 바깥으로 나간다는 것에서 '밖', '겉'이라는 뜻이 있지요. 원래 아침에 점을 치는 게 관습이었는데, 가끔 저녁에 점을 치는 예외적인 경우라는 의미에서 '벗어나다.'라는 뜻도 있어요.

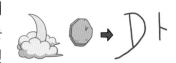

● 다음 낱말의 뜻을 알아보고, 빈칸을 채워 문장을 완성해 보세요.

들 야
바깥 외
야외

집의 바깥.

• 우리 가족은 주말마다 ☐☐에서 시간을 보낸다.

👆 친절한 샘 '야외'는 '마을에서 조금 멀리 떨어져 있는 들판.'의 뜻도 있어요.

바깥 외
날 출
외출

잠시 밖으로 나감.

• 날씨가 따뜻해져서 동생과 ☐☐을 했다.

👆 친절한 샘 '삼가다'의 뜻은 '몸가짐이나 언행을 조심하다.'예요.

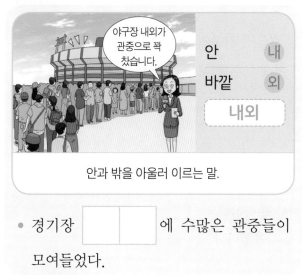

야구장 내외가 관중으로 꽉 찼습니다.

안 내
바깥 외
내외

안과 밖을 아울러 이르는 말.

• 경기장 ☐☐에 수많은 관중들이 모여들었다.

👆 친절한 샘 '내외'는 '약간 덜하거나 넘음', '남자와 여자', '부부'라는 뜻도 있어요.

바깥 외
나라 국
사람 인
외국인

다른 나라의 사람.

• 나는 ☐☐☐과 영어로 대화를 나눌 수 있다.

1 다음 낱말의 뜻을 알맞게 선으로 이어 보세요.

241028-0127

1 야외 •

2 외출 •

3 내외 •

• ㉠ 집의 바깥.

• ㉡ 잠시 밖으로 나감.

• ㉢ 안과 밖을 아울러 이르는 말.

2 다음 그림을 보고, 빈칸에 알맞은 낱말을 써 보세요.

241028-0128

ㅇ	ㄱ	ㅇ

3 빈칸에 들어갈 알맞은 낱말에 ○표를 하세요.

241028-0129

1 바람이 시원하게 부는 날에 (야외, 야수)를 걸으면 기분이 좋아진다.

2 우리 아버지께서는 항상 (도착, 외출)하기 전에 나를 안아 주신다.

4 다음 빈칸에 공통으로 들어갈 낱말을 써 보세요.

241028-0130

1 우리 학교는 [ㄴㅇ]가 모두 예쁘게 꾸며져 있다.

2 우리 반 학생 중에서 열 명 [ㄴㅇ]만 독서를 좋아한다.

3 그들 [ㄴㅇ]는 사이가 좋기로 우리 동네에서 유명하다.

(   )

5~6 다음 글을 읽고, 물음에 답해 보세요.

　　너무 긴 시간 뜨거운 햇볕 아래 있거나, 지나치게 더운 장소에 오랫동안 있으면 우리 몸의 온도가 높아져 건강에 이상이 생길 수 있어요. 몸이 뜨거워지면서 어지럽고 속이 울렁거리거나, 눈앞이 흐리게 보이기도 해요. 최근에는 밭에서 일하던 외국인 남성이 의식을 잃고 쓰러진 일도 있었지요.

　　높은 온도로 인해 몸에 이상이 생기는 것을 예방할 방법이 있어요. 먼저 날씨가 지나치게 더울 때는 외출을 자제해야 해요. 어쩔 수 없이 야외 활동을 할 때는 물을 충분히 마셔야 하지요. 그리고 바깥에만 오래 있지 않도록 주기적으로 내외를 오가면서 쉬어야 해요.

　　우리나라는 여름에 특히 무더운 날씨가 이어지기 때문에, 건강을 지키기 위해 노력해야 해요.

5 윗글의 내용과 일치하지 <u>않는</u> 것은 무엇인가요? (　　　)

241028-0131

① 최근 밭에서 일하던 외국인이 쓰러진 일이 있다.
② 우리나라는 여름에 특히 무더운 날씨가 이어진다.
③ 날씨가 지나치게 더울 때는 외출을 자제해야 한다.
④ 체온이 갑자기 높아지면 몸에 이상이 생길 수 있다.
⑤ 너무 더운 곳에 오래 있으면 체온이 갑자기 낮아진다.

6 윗글의 내용을 잘 이해한 친구의 말에 ○표를 하세요.

241028-0132

1 하율: 날씨가 매우 더운 날에 야외 활동을 한다면, 물을 충분히 마셔야 해. (　　　)
2 준서: 우리 몸의 온도는 높아지지 않으니까, 많이 더운 날에도 걱정 없어. (　　　)

어휘 더하기 - 외면

바깥 외 + 얼굴 면

겉에 있거나 보이는 면.

보다는 내면의 아름다움이 더 중요하다.

👉 친절한 샘 '외면'에는 '마주치기를 꺼려서 피하거나 얼굴을 돌림.'이라는 뜻도 있어요.

1 낱말의 뜻을 [보기]에서 찾아 기호를 써 보세요. 241028-0133

보기

㉠ 축축한 물의 기운.   ㉡ 잠시 밖으로 나감.   ㉢ 겨냥한 곳에 바로 맞음.

1 수분 (　　　)   2 명중 (　　　)   3 외출 (　　　)

2 다음 그림에 어울리는 낱말에 ○표를 하세요. 241028-0134

(토지, 해수욕장)

(소아, 외국인)

3 빈칸에 들어갈 알맞은 낱말을 [보기]에서 찾아 써 보세요. 241028-0135

보기

수심　　집중　　영토　　야외

1 우리 (　　　　)인 독도를 지키기 위해 독도에 관심을 가져야 한다.

2 나는 영화에 (　　　　)한 나머지 엄마가 부르는 소리를 듣지 못했다.

3 잠수부들은 (　　　　)이 깊은 곳까지 들어가서 바닷속의 쓰레기를 건져 냈다.

4 다음 그림과 뜻에 알맞은 낱말을 써 보세요. 241028-0136

뜻

백 번 쏘아 백 번 맞힌다는 뜻.

✓ 정답과 해설 18쪽

◉ 설명하고 있는 낱말의 뜻이 맞으면 ○, 틀리면 ×에 있는 글자를 골라 열쇠를 풀어 보세요.

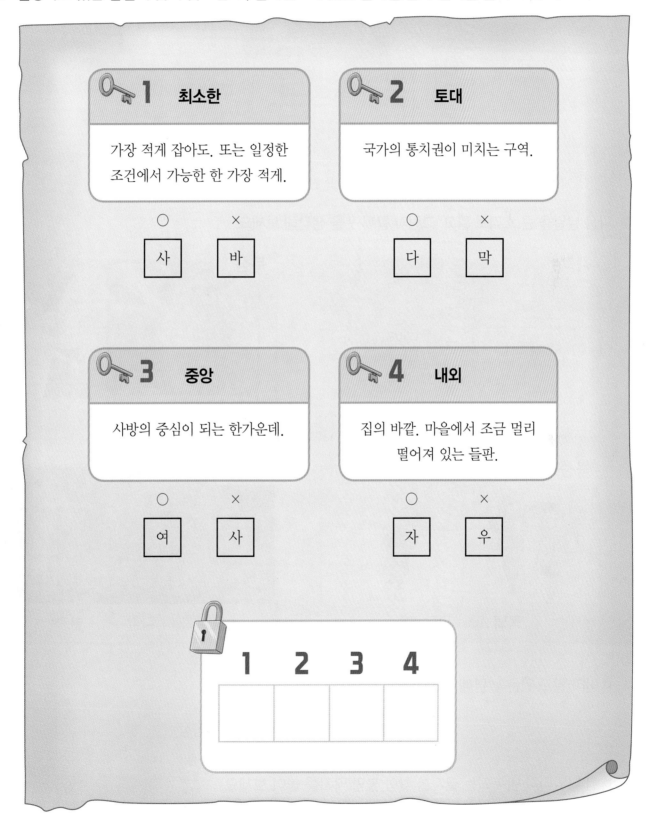

🔑 1 최소한

가장 적게 잡아도. 또는 일정한 조건에서 가능한 한 가장 적게.

○ 사 ×바

🔑 2 토대

국가의 통치권이 미치는 구역.

○ 다 × 막

🔑 3 중앙

사방의 중심이 되는 한가운데.

○ 여 ×사

🔑 4 내외

집의 바깥. 마을에서 조금 멀리 떨어져 있는 들판.

○ 자 × 우

1	2	3	4

北 북녘 북 이 들어간 어휘

북녘 **북**

◯ 다음 한자의 뜻과 소리를 따라 써 보세요.

북녘 북
뜻   소리

◯ 다음 낱말을 큰 소리로 읽고, 그림과 함께 뜻을 생각해 보세요.

강북

강 강 + 북녘 북

북상

북녘 북 + 윗 상

북풍

북녘 북 + 바람 풍

북극성

북녘 북 + 다할 극 + 별 성

○ 이미 알고 있는 낱말에 ✓표를 하세요.

☐ 강북   ☐ 북상   ☐ 북풍   ☐ 북극성

○ 위 낱말마다 반복되는 글자를 찾아 붙임 딱지를 붙여 보세요.   붙임 딱지   붙임 딱지 활용

놈 北

◎ 다음 한자의 뜻을 생각해 보세요.

北 8급

두 사람이 서로 등을 맞대고 있는 모습을 본뜬 글자로, 사람이나 집의 대문은 보통 빛이 드는 남쪽을 향하는데, '등 뒤쪽'이라는 의미에서 '북쪽'을 나타내요.

◎ 다음 낱말의 뜻을 알아보고, 빈칸을 채워 문장을 완성해 보세요.

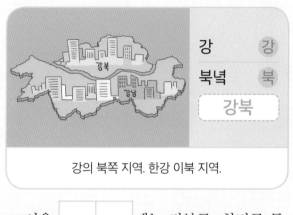

| 강 | 강 |
| 북녘 | 북 |

강북

강의 북쪽 지역. 한강 이북 지역.

• 서울 ☐☐ 에는 경복궁, 창덕궁 등 역사적 유적지가 많다.

| 북녘 | 북 |
| 위 | 상 |

북상

북쪽을 향하여 올라감. 북쪽으로 진출하거나 진격함.

• 태풍이 남쪽 바다에서 우리나라 쪽으로 ☐☐ 하고 있다.

| 북녘 | 북 |
| 바람 | 풍 |

북풍

북쪽에서 불어오는 바람.

• 겨울이면 ☐☐ 이 거세게 분다.

👆친절한 샘 풍향은 바람이 불어서 가는 방향이 아니라 불어오는 방향을 기준으로 삼아요.

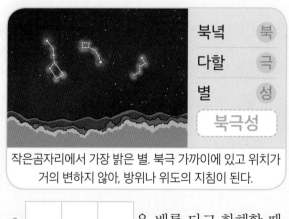

북녘	북
다할	극
별	성

북극성

작은곰자리에서 가장 밝은 별. 북극 가까이에 있고 위치가 거의 변하지 않아, 방위나 위도의 지침이 된다.

• ☐☐☐ 은 배를 타고 항해할 때 길을 찾는 데 사용되었다.

👆친절한 샘 북극성은 북쪽 하늘에서 가장 밝은 별 중 하나이기 때문에 예로부터 항해할 때 길잡이로 사용되었어요.

어휘 다지기 21 北 북녘 북

1 다음 뜻을 가진 낱말을 [보기]에서 찾아 써 보세요. 241028-0137

보기

북풍   북상   북극   북극성

1 북쪽을 향하여 올라감. ➡ (   )

2 북쪽에서 불어오는 바람. ➡ (   )

3 작은곰자리에서 가장 밝은 별. 북극 가까이에 있고 위치가 거의 변하지 않아, 방위나 위도의 지침이 된다. ➡ (   )

2 다음 그림을 보고, 빈칸에 들어갈 알맞은 낱말을 써 보세요. 241028-0138

3 빈칸에 들어갈 알맞은 낱말에 ○표를 하세요. 241028-0139

1 (북풍, 북극)이 불어오는 겨울날, 나는 외투를 껴입고 외출했다.

2 남쪽에 있던 적군이 빠르게 (북상, 강북)하여 우리를 위협했다.

4 다음 빈칸에 들어갈 알맞은 말은 무엇인가요? (   ) 241028-0140

"방향을 잃었어요. 어디로 가야 하죠?"
"저 _____이 밝게 빛나고 있는 쪽이 북쪽이니, 저쪽으로 갑시다!"

① 달   ② 북상   ③ 강북   ④ 북풍   ⑤ 북극성

✓ 정답과 해설 19쪽

5~6 다음 글을 읽고, 물음에 답해 보세요.

6·25 전쟁은 1950년 6월 25일 북한이 남한을 기습적으로 침략하며 발생했어요. 우리 국군은 북한군이 강북에서 다리를 넘어 한강 남쪽으로 내려오는 것을 막기 위해 한강 다리를 폭파하기까지 했지만, 결국 3일 만에 서울을 빼앗겼지요.

6·25 전쟁 때 전 세계 16개국의 나라가 UN군으로 참전해 우리나라를 도왔어요. 미국의 맥아더 장군은 '인천상륙작전'으로 서울을 되찾았고, 그 기세를 몰아 UN군은 38선을 넘어 북상했지만, 이후 북한을 돕는 중국 중공군의 개입으로 후퇴하게 되었어요.

미군이 중공군과 맞붙은 '장진호 전투'는 인류 역사상 가장 추운 곳에서 발생한 전투로 알려졌어요. 북풍이 몰아치는 장진호는 체감 기온이 영하 50도까지 떨어졌다고 해요. 미군은 중공군의 포위망을 뚫고 가까스로 흥남으로 철수했어요.

또한 형제의 나라 튀르키예도 6·25 전쟁 때 우리나라를 도왔어요. 북극성이란 암호를 가진 튀르키예군은 여러 작전에 참여했으며, '금양장리 전투'에서 승리해 최고 부대 훈장을 받기도 했어요.

5 6·25 전쟁 때 우리나라를 도왔던 군대는 어느 곳인지 ○표를 하세요.

▶ 241028-0141

① UN군 (   )   ② 중공군 (   )   ③ 소련군 (   )

6 장진호 전투는 어떤 전투로 알려졌나요? (   )

▶ 241028-0142

① 인류 역사상 가장 더운 곳에서 발생한 전투   ② 인류 역사상 가장 추운 곳에서 발생한 전투
③ 인류 역사상 가장 높은 곳에서 발생한 전투   ④ 인류 역사상 가장 밝은 곳에서 발생한 전투
⑤ 인류 역사상 가장 어두운 곳에서 발생한 전투

어휘 더하기 - 남남북녀

남녘 남 +사내 남 +북녘 북 +여자 녀

우리나라에서, 남자는 남쪽 지방 사람이 잘나고 여자는 북쪽 지방 사람이 고움을 이르는 말.

라는 말이 있듯이 북한에는

아름다운 여자들이 많을 것 같다.

年 해 년 이 들어간 어휘

◎ 다음 한자의 뜻과 소리를 따라 써 보세요.

年   해 년(연)
      뜻   소리

◎ 다음 낱말을 큰 소리로 읽고, 그림과 함께 뜻을 생각해 보세요.

풍년

풍성할 풍 + 해 년

연말

해 연 + 끝 말

내년

올 내 + 해 년

청소년

푸를 청 + 적을 소 + 해 년

○ 이미 알고 있는 낱말에 ✓표를 하세요.

☐ 풍년   ☐ 연말   ☐ 내년   ☐ 청소년

○ 위 낱말마다 반복되는 글자를 찾아 붙임 딱지를 붙여 보세요.   붙임 딱지   붙임 딱지 활용

○ 다음 한자의 뜻을 생각해 보세요.

8급

벼를 짊어진 사람을 뜻하는 글자로, 열심히 일을 하며 시간을 보내면 해가 바뀌고 나이가 든다는 의미에서 '해', '시대', '나이' 등을 뜻하는 글자예요.

○ 다음 낱말의 뜻을 알아보고, 빈칸을 채워 문장을 완성해 보세요.

올해는 농사가 잘되었구나!

| 풍성할 | 풍 |
| 해 | 년 |

풍년

곡식이 잘 자라고 잘 여물어 평년보다 수확이 많은 해.

• 올해는 [ ][ ] 이 예상되어 농민들의 얼굴에 미소가 가득하다.

| 해 | 연 |
| 끝 | 말 |

연말

한 해의 마지막 무렵.

• [ ][ ] 은 한 해를 마무리하고, 새해를 맞이하는 시간이다.

친절한 샘 '해 년'은 낱말의 첫머리에 올 때는 '연'으로 읽어요.

| 올 | 내 |
| 해 | 년 |

내년

올해의 바로 다음 해.

• [ ][ ] 의 쉬는 날은 며칠인지 달력을 넘기며 세어 보았다.

푸를	청
적을	소
해	년

청소년

청년과 소년을 아울러 이르는 말로, 보통 19세 미만인 사람을 이르는 말.

• [ ][ ][ ] 은 미래의 주인공이다.

1 '한 해의 마지막 무렵'을 뜻하는 말은 무엇인가요? (   ) ▶ 241028-0143

① 연초   ② 연중
③ 연말   ④ 연간
⑤ 내년

2 다음 그림을 보고, 빈칸에 알맞은 낱말을 써 보세요. ▶ 241028-0144

흉년   ↔

3 빈칸에 들어갈 알맞은 낱말에 ○표를 하세요. ▶ 241028-0145

 나는 올해 8살이니까 (내년, 금년)에는 9살이 된다.

2 미래 국가 발전을 위해 곧 성인이 될 (중년, 청소년)들을 바르게 교육해야 한다.

4 빈칸에 들어갈 알맞은 낱말을 [보기]에서 찾아 써 보세요. ▶ 241028-0146

보기

풍년   연말   내년   청소년

1 (   )에는 올해보다 더 많은 책을 읽을 것이다.

2 (   )이 다가오니 거리는 온통 크리스마스 분위기이다.

3 가뭄으로 굶주리던 그 나라도 올해는 (   )이라 식량 걱정이 없다.

5~6 다음 글을 읽고, 물음에 답해 보세요.

풍년으로 함박웃음 짓는 농민들

올해 우리 농촌에는 풍년이 들었어요. 햇볕은 적당했고, 비도 충분히 내렸으며, 태풍이 모두 우리나라를 비껴가서 농작물 피해가 거의 없었어요. 덕분에 쌀과 과일 수확량이 지난해의 1.5배로 늘었다고 해요. 도시의 청소년들은 일손이 부족한 농촌을 찾아 농사일을 도우며 농민들과 수확의 기쁨을 나누었어요. 농가들이 풍성한 수확을 거둔 덕분에 시장에는 값싸고 품질 좋은 농산물이 넘쳐나요.

연말이 가까워 오면서 이곳 농촌에는 내년에도 풍년이 이어지기를 기원하는 행사가 열렸어요. 농악을 연주하고, 줄다리기를 하며 농민들은 함께 즐거운 시간을 보냈어요.

5 농민들이 함박웃음을 짓는 까닭은 무엇인가요? (　　　　)

▶ 241028-0147

① 풍년이 들어서　　　　　　　　　② 줄다리기에서 승리하여서
③ 농촌의 교통이 편리해져서　　　　④ 농작물이 비싼 값에 팔려서
⑤ 청소년들이 농촌에 공연을 와서

6 윗글에 나타난 사실과 다른 것은 무엇인가요? (　　　　)

▶ 241028-0148

① 쌀과 과일 수확량이 지난해의 1.5배로 늘었다.
② 도시의 청소년들이 농촌을 찾아 농사일을 도왔다.
③ 올해 태풍이 많이 발생해서 농작물 피해가 많았다.
④ 내년에도 풍년이 이어지기를 기원하는 행사가 열렸다.
⑤ 농민들은 행사에서 농악을 연주하고, 줄다리기를 하며 함께 즐거운 시간을 보냈다.

어휘 더하기 - 근하신년

삼갈 근 + 하례할 하 + 새 신 + 해 년

삼가 새해를 축하한다는 뜻으로, 새해의 복을 비는 인사말.

"　　｜　　｜　　｜　　! 새해에도 항상 건강하시길
바랍니다."

六 여섯 육 이 들어간 어휘

○ 다음 한자의 뜻과 소리를 따라 써 보세요.

六 여섯 육(륙)
뜻   소리

○ 다음 낱말을 큰 소리로 읽고, 그림과 함께 뜻을 생각해 보세요.

육십

여섯 육 + 열 십

육각형

여섯 육 + 뿔 각 + 모양 형

육감

뭐든 잘될 것 같은 기분 좋은 느낌이야!

여섯 육 + 느낄 감

사육신

죽을 사 + 여섯 육 + 신하 신

○ 이미 알고 있는 낱말에 ✓표를 하세요.

☐ 육십   ☐ 육각형   ☐ 육감   ☐ 사육신

○ 위 낱말마다 반복되는 글자를 찾아 붙임 딱지를 붙여 보세요. | 붙임 딱지 | 붙임딱지 활용

농 튭

어휘 익히기

◉ 다음 한자의 뜻을 생각해 보세요.

8급

六

두 기둥 위에 지붕이 있는 집의 모양, 또는 양손의 각 세 손가락을 펴 보인 모양에서 따온 것이라는 등 유래에 관한 다양한 추측이 있으며, 숫자 6을 뜻하는 글자예요.

◉ 다음 낱말의 뜻을 알아보고, 빈칸을 채워 문장을 완성해 보세요.

60

| 여섯 | 육 |
| 열 | 십 |

육십

십의 여섯 배가 되는 수.

• 우리 할아버지는 ☐☐ 살에 퇴직

하시고, 여행을 다니신다.

여섯	육
뿔	각
모양	형

육각형

각이 여섯 개이며 여섯 개의
직선으로 둘러싸인 평면 도형.

• 벌집은 ☐☐☐ 모양이다.

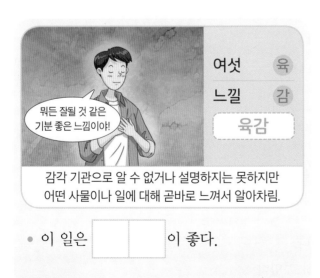

| 여섯 | 육 |
| 느낄 | 감 |

육감

뭐든 잘될 것 같은
기분 좋은 느낌이야!

감각 기관으로 알 수 없거나 설명하지는 못하지만
어떤 사물이나 일에 대해 곧바로 느껴서 알아차림.

• 이 일은 ☐☐ 이 좋다.

죽을	사
여섯	육
신하	신

사육신

조선 세조 2년(1456)에 단종의 복위를 꾀하다가
처형된 여섯 명의 충신.

• 우리 조상님 박팽년은 ☐☐☐

중 한 분이다.

👆 **친절한 샘** 오감인 시각, 청각, 촉각, 미각, 후각에 해당하지 않
는 미래에 대한 직감, 초인적 감각 등을 '육감'이라고 할 수 있어요.

👆 **친절한 샘** 이개, 하위지, 유성원, 성삼문, 유응부, 박팽년 6명
이 사육신에 해당해요.

1 다음 그림에 알맞은 낱말에 ○표를 하세요.

241028-0149

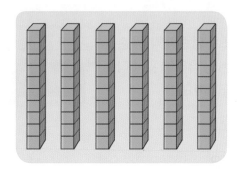

1 오십 (   )

2 육십 (   )

3 칠십 (   )

2 다음 빈칸에 들어갈 알맞은 낱말을 써 보세요.

241028-0150

조선 세조 2년에 단종의 복위를 꾀하다가 처형된 여섯 명의 충신인 이개, 하위지, 유성원, 성삼문, 유응부, 박팽년을

[   ] 이라고 해요.

3 밑줄 친 낱말 중 '여섯 육(六)' 자가 들어가지 않은 낱말에 ✕표를 하세요.

241028-0151

1 오늘 갑자기 비가 올 것임을 육감으로 알았다. (   )

2 아버지께서 정육점에서 삼겹살을 사 오셨다. (   )

3 내 방 장난감을 정리하는 바구니는 육각형 모양이다. (   )

4 다음 중 밑줄 친 낱말의 쓰임이 알맞지 않은 것은 무엇인가요? (   )

241028-0152

① 만 육십이 되는 생일이면 환갑잔치를 한다.

② 축구공은 육각형 모양의 가죽이 연결되어 있다.

③ 내 육감이 오늘은 좋은 일이 생길 것임을 말하고 있다.

④ 나는 육감이 좋아서 멀리 있는 글씨도 잘 보고 읽는다.

⑤ 사육신은 죽어 가면서도 단종에 대한 충성을 부르짖었다.

5~6 다음 글을 읽고, 물음에 답해 보세요.

   조선 중기, 세조는 조카인 단종을 몰아내고 스스로 왕이 되었어요. 그때 여섯 명의 신하는 세조가 왕의 자리를 빼앗아 차지한 것에 반대했어요. 여섯 명의 신하는 성삼문, 박팽년, 하위지, 이개, 유성원, 유응부이며, 그들을 사육신이라고 해요. 그들은 단종을 다시 왕으로 추대할 계획을 세웠어요. 하지만 이 계획을 알게 된 김질이 세조에게 몰래 알리면서 사육신은 모두 체포되어 죽임을 당했어요.

   사육신은 죽어서도 나라를 위해 충성을 다한 의로운 신하로 기억되고 있어요. 그들의 죽음은 조선 백성들에게 많은 귀감이 되었어요. 그들은 처형된 뒤에 한강 기슭 노량진에 묻혔다고 전해져요. 그래서 노량진에는 목숨을 바쳐 충절을 지킨 사육신을 기리는 사육신비가 세워져 있어요. 육각형의 사육신비에는 사육신의 이름이 한 면씩 기록되어 있어요.

5 사육신은 누구를 왕으로 세우려고 하였나요? (   )

▶ 241028-0153

① 세조   ② 단종   ③ 영조   ④ 세종   ⑤ 성삼문

6 사육신비에 대한 설명으로 알맞지 <u>않은</u> 것은 무엇인가요? (   )

▶ 241028-0154

① 육각형 모양이다.   ② 김질이 비석을 세웠다.
③ 노량진에 세워져 있다.   ④ 충절을 지킨 사육신을 기리는 비이다.
⑤ 사육신의 이름이 한 면씩 기록되어 있다.

어휘 더하기 - 육하원칙

여섯 육 + 어찌 하 + 근원 원 + 법칙 칙

누가		어떻게
어디서		언제
무엇을		왜

역사 기사, 보도 기사 따위의 문장을 쓸 때에 지켜야 하는 기본적인 원칙. '누가, 언제, 어디서, 무엇을, 어떻게, 왜'의 여섯 가지를 이른다.

신문 기사는 [ ][ ][ ][ ]에 따라 써야 한다.

金 쇠 금이 들어간 어휘

○ 다음 한자의 뜻과 소리를 따라 써 보세요.

金   쇠 금
       뜻   소리

○ 다음 낱말을 큰 소리로 읽고, 그림과 함께 뜻을 생각해 보세요.

황금
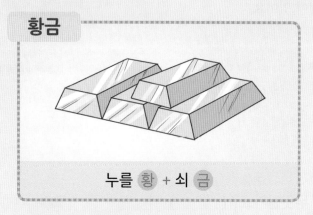
누를 황 + 쇠 금

금색

쇠 금 + 빛 색

상금

우승축하
상금 10,000,000 원
상줄 상 + 쇠 금

기부금

모금함
부칠 기 + 붙을 부 + 쇠 금

○ 이미 알고 있는 낱말에 ✓표를 하세요.

☐ 황금 ☐ 금색 ☐ 상금 ☐ 기부금

○ 위 낱말마다 반복되는 글자를 찾아 붙임 딱지를 붙여 보세요.   붙임 딱지   붙임딱지 활용

은 금

어휘 익히기

● 다음 한자의 뜻을 생각해 보세요.

金 8급

두 덩어리의 쇳덩이와 그것을 녹이던 가마의 모양을 본뜬 글자로 '황금'이나 '돈', '금속'을 나타내는 뜻으로 쓰여요. 사람의 성씨로 쓰일 때에는 대부분 '김'이라고 읽어요.

● 다음 낱말의 뜻을 알아보고, 빈칸을 채워 문장을 완성해 보세요.

누를 　황
쇠 　금

황금

누런빛의 금이라는 뜻으로,
금을 다른 금속과 구별하여 이르는 말.

• 　　　으로 만든 금괴가 쌓여 있다.

쇠 　금
빛 　색

금색

황금과 같이 광택이 나는 누런색.

• 이 옷에는 　　　단추가 달려 있다.

상줄 　상
쇠 　금

상금

선행이나 업적에 대하여 격려하기 위하여 주는 돈.

• 그녀는 골프 대회에서 우승해 많은

　　　을 받았다.

👆 친절한 샘 여기서 '금'은 '돈'이라는 뜻으로 사용되었어요.

부칠 　기
붙을 　부
쇠 　금

기부금

자선 사업이나 공공사업을 돕기 위하여
대가 없이 내놓은 돈.

• 자선 음악회에 참석하여 음악가들을 돕는

　　　을 냈다.

👆 친절한 샘 '기부금'은 어려운 이웃이나 사회 단체, 종교 단체 등에 낼 수 있어요.

金 쇠 금

1 다음 중 금색에 해당하는 잔에 ○표를 하세요. 241028-0155

1

(   )

2

(   )

3

(   )

2 다음 빈칸에 들어갈 알맞은 말은 무엇인가요? (   ) 241028-0156

> "⬜⬜⬜ 보기를 돌같이 하라."는 최영 장군의 말로 유명하다. 그러나 사실 이 말은 그의 아버지 최원직이 한 말로, 재물에 욕심을 부리지 말고 청렴하게 살아야 한다는 뜻이다. 최영 장군은 아버지의 유언을 받들어 평생을 청렴하게 살았다고 한다.

① 책   ② 사람   ③ 황금
④ 음식   ⑤ 기부금

3 빈칸에 들어갈 알맞은 낱말에 ○표를 하세요. 241028-0157

1 불우 이웃을 돕기 위한 (상금, 기부금)을 모으는 행사가 열렸다.

2 아버지는 우리말 퀴즈 대회에서 우승을 하여 (상금, 기부금)을 타 오셨다.

4 밑줄 친 '금'의 뜻으로 알맞은 것은 무엇인가요? (   ) 241028-0158

> 상금   기부금   후원금

① 돈   ② 틈   ③ 황금
④ 금속   ⑤ 누런빛

5~6 다음 글을 읽고, 물음에 답해 보세요.

　한 남자가 강아지와 숲속을 산책하고 있었어요. 그런데 그날따라 강아지가 산책은 하지 않고 바위 아래쪽을 열심히 파 내려갔어요. 강아지의 행동을 지켜보던 남자의 눈에 '반짝'하고 빛나는 금색의 쇠붙이가 보였어요.

　"설마?" 놀랍게도 땅속에서는 자그마한 황금 불상이 발견되었어요. '비싼 값에 팔까?' 하는 욕심이 생겼지만, 그것이 소중한 문화재임이 틀림없다고 생각한 남자는 그 불상을 문화재청에 신고하였어요. 불상은 고려 시대에 만들어진 귀한 유물로 판별되었어요. 문화재청은 그의 노고에 감사하며 상금을 수여했어요. 하지만 겸손한 그 남자는 보물을 발견한 공을 자신의 강아지에게 돌리며, 버려진 강아지를 돌보는 유기견 보호소에 받은 돈을 기부금으로 내놓았어요.

5 남자가 발견한 것은 무엇인가요? (　　　) ▶ 241028-0159

① 금화 　　　　　② 황금 불상 　　　　　③ 황금 갑옷
④ 황금 덩어리 　　　⑤ 황금 목걸이

6 남자가 한 일로 알맞은 것을 <u>두 가지</u> 고르세요. (　　,　　) ▶ 241028-0160

① 발견한 유물을 비싼 값에 팔았다. 　　② 발견한 유물을 문화재청에 신고했다.
③ 발견한 유물을 도로 땅에 묻어 두었다. 　　④ 발견한 유물을 유기견 보호소에 기부했다.
⑤ 문화재청에서 받은 상금을 유기견 보호소에 기부했다.

어휘 더하기 - 일확천금

한 일 + 붙잡을 확 + 일천 천 + 쇠 금

단번에 천금을 움켜쥔다는 뜻으로, 힘들이지 아니하고 단번에 많은 재물을 얻음. 또는 그 재물을 이르는 말.

그는 [　][　][　][　] 을 꿈꾸며 오늘도 복권을 샀다.

25 8급

軍 군사 군이 들어간 어휘

● 다음 한자의 뜻과 소리를 따라 써 보세요.

군사 군

뜻   소리

● 다음 낱말을 큰 소리로 읽고, 그림과 함께 뜻을 생각해 보세요.

군인

군사 군 + 사람 인

장군

장수 장 + 군사 군

해군

바다 해 + 군사 군

연합군

잇닿을 연 + 합할 합 + 군사 군

○ 이미 알고 있는 낱말에 ✓표를 하세요.

☐ 군인 ☐ 장군 ☐ 해군 ☐ 연합군

○ 위 낱말마다 반복되는 글자를 찾아 붙임 딱지를 붙여 보세요. 붙임 딱지   붙임 딱지 1 활용

곤

◎ 다음 한자의 뜻을 생각해 보세요.

8급

군사들이 전차(車)를 빙 둘러싸고 진을 치는 모양을 본뜬 글자로, '군사'나 '군인', '진을 치다' 등의 뜻을 갖고 있어요.

◎ 다음 낱말의 뜻을 알아보고, 빈칸을 채워 문장을 완성해 보세요.

군사 군
사람 인

군인

군대에서 일하는 사람.

• 삼촌은 늠름한 ☐☐ 이다.

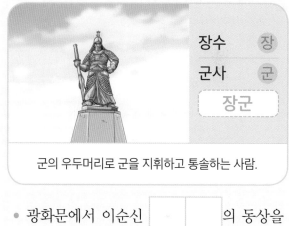

장수 장
군사 군

장군

군의 우두머리로 군을 지휘하고 통솔하는 사람.

• 광화문에서 이순신 ☐☐ 의 동상을 보았다.

바다 해
군사 군

해군

주로 바다에서 공격과 방어의 임무를 수행하는 군대.

• ☐☐ 은 바다에서 나라를 지킨다.

잇닿을 연
합할 합
군사 군

연합군

전쟁에서 둘 이상의 국가가 연합하여 구성한 군대.

• 2차 세계 대전 당시 미국, 영국, 러시아는 ☐☐☐ 을 형성해 독일과 싸웠다.

👆친절한 샘 해병대는 육지나 바다 어디에서도 싸울 수 있는 군대로 해군과는 달라요.

어휘 다지기 25 **軍** 군사 **군**

1 다음 빈칸에 공통으로 들어갈 낱말을 쓰세요.
241028-0161

| 이순신 | ☐☐ | 강감찬 | ☐☐ | 을지문덕 | ☐☐ |

☐☐

2 '해군'은 어디에서 나라를 지키는지 알맞은 그림에 〇표를 하세요.
241028-0162

1 ( )   2 ( )   3 ( )

3 밑줄 친 낱말 중 '군사 군(軍)' 자가 들어가지 않은 낱말에 ×표를 하세요.
241028-0163

1 군주는 백성을 잘 보살펴야 한다. (　　　)

2 장군은 군사들을 이끌고 전쟁터로 나갔다. (　　　)

3 나라를 지키는 군인 아저씨들을 보니 마음이 든든하다. (　　　)

4 다음 빈칸에 들어갈 알맞은 말은 무엇인가요? (　　　)
241028-0164

6·25 전쟁 때, 16개의 나라가 유엔 _____으로 참여해 우리나라를 도왔다.

① 군함 　　　　　② 장군
③ 해군 　　　　　④ 공군
⑤ 연합군

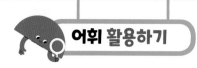

✓ 정답과 해설 21쪽

5~6 다음 글을 읽고, 물음에 답해 보세요.

> 우리 아빠는 바다에서 나라를 지키는 해군이에요. 땅 위에서 나라를 지키며 전투를 하는 군대를 육군, 바다를 지키며 전투를 하는 군대를 해군, 하늘을 지키며 전투를 하는 군대를 공군이라고 해요.
>
> 아빠는 큰 군함을 타고 바다를 누비시는데, 얼마 전에는 한미 연합군 훈련에도 참여하셨어요. 한미 연합군 훈련이란 한국과 미국의 군인이 함께 북한의 위협으로부터 나라를 지키는 훈련을 하는 것으로, 매년 봄과 가을에 실시돼요.
>
> 저는 나라를 위해 헌신하시는 훌륭한 군인인 아빠가 자랑스러워요. 나중에 아빠가 해군 최고의 장군이 되시면 좋겠어요. 그렇게 된다면 우리나라는 더 안전해질 거예요. 아빠가 우리나라의 바다를 항상 든든하게 지켜 주실 것이기 때문이에요.

5 아빠는 어떤 군인인지 알맞은 것에 ○표를 하세요.

▶ 241028-0165

1 땅을 지키는 육군 (　　　)

2 바다를 지키는 해군 (　　　)

3 하늘을 지키는 공군 (　　　)

6 '나'가 바라는 것은 무엇인가요? (　　　)

▶ 241028-0166

① 빨리 커서 군인이 되는 것

② 아빠가 해군 장교가 되시는 것

③ 아빠가 해군 최고의 장군이 되시는 것

④ 아빠가 타시는 큰 군함을 타 보는 것

⑤ 한미 연합군 훈련에 아빠가 참여하시는 것

어휘 더하기 - 독불장군

홀로 독 + 아닐 불 + 장수 장 + 군사 군

'혼자서는 장군이 될 수 없다.'는 의미에서 나온 말로, 무슨 일이든 자기 생각대로 혼자서 처리하는 사람을 뜻하는 말.

내 동생은 [　][　][　][　] 이라 무슨 일이든지 자기 멋대로이다.

1 다음 낱말의 뜻을 알맞게 선으로 이어 보세요.   241028-0167

1 육감 •

2 풍년 •

3 연합군 •

• ㉠ 전쟁에서 둘 이상의 국가가 연합하여 구성한 군대.

• ㉡ 곡식이 잘 자라고 잘 여물어 평년보다 수확이 많은 해.

• ㉢ 감각 기관으로 알 수 없거나 설명하지는 못하지만
어떤 사물이나 일에 대해 곧바로 느껴서 알아차림.

2 다음 그림에 어울리는 낱말에 ○표를 하세요.   241028-0168

1

우승축하
상금 10,000,000 원

(황금, 상금)

2

(장군, 사육신)

3 빈칸에 들어갈 알맞은 낱말을 [보기]에서 찾아 써 보세요.   241028-0169

보기

연말   내년   강북   기부금   청소년

1 그 기업은 대학 발전을 위한 (   )을 크게 내놓았다.

2 강남에서 (   )으로 넘어가려면 한강 다리를 건너야 한다.

3 매년 (   )이면 거리에는 자선냄비가 등장하고, 크리스마스 캐럴이 울려 퍼진다.

4 다음 중 밑줄 친 낱말의 쓰임이 알맞지 <u>않은</u> 것은 무엇인가요? (   )   241028-0170

① 하늘에 <u>북극성</u>이 밝게 빛난다.

② 숲속에서 <u>해군</u>들의 치열한 전투가 벌어졌다.

③ <u>일확천금</u>을 얻으려다 오히려 손해를 볼 수 있다.

④ 한창 성장하는 <u>청소년</u>들에게는 보호와 관심이 필요하다.

⑤ 사람들은 자기 생각만 고집하는 <u>독불장군</u>을 좋아하지 않는다.

◎ 빈칸에 들어갈 알맞은 낱말을 [보기]에서 찾아 써 보세요.

보기

풍년   육감   북상   기부금   육각형

우리 마을 소식

올해는 태풍이 우리나라 쪽으로

☐☐ 하지 않고, 일본 쪽으로

방향을 틀어 동쪽으로 향했어요.

그래서 올해 우리 농촌에는

☐☐ 이 들었어요.

꿀벌들도 부지런히 일해서

☐☐☐ 의 벌집 안에는

벌꿀이 가득해요.

올해 우리 마을 주민들은 쌀과 꿀을 판

수익의 일부를 어려운 이웃을 돕기 위한

☐☐☐ 으로 전달하기로 했어요.

九 아홉 구가 들어간 어휘

○ 다음 한자의 뜻과 소리를 따라 써 보세요.

九 아홉 구

뜻   소리

○ 다음 낱말을 큰 소리로 읽고, 그림과 함께 뜻을 생각해 보세요.

구구단

아홉 구 + 아홉 구 + 구분 단

십중팔구

십중팔구는 모자를 쓰고 있군.

열 십 + 가운데 중 + 여덟 팔 + 아홉 구

구미호

아홉 구 + 꼬리 미 + 여우 호

구만리

아홉 구 + 일만 만 + 마을 리

○ 이미 알고 있는 낱말에 ✓표를 하세요.

☐ 구구단 ☐ 십중팔구 ☐ 구미호 ☐ 구만리

○ 위 낱말마다 반복되는 글자를 찾아 붙임 딱지를 붙여 보세요.

붙임 딱지

붙임 딱지1 활용

◎ 다음 한자의 뜻을 생각해 보세요.

九 8급

글자의 유래로 주먹을 쥐고 팔꿈치를 구부려 힘을 꽉 준 모양을 본뜬 것, 열 십(十)에서 손가락 하나를 구부린 것을 본뜬 것이라는 의견이 있으며, '아홉'의 뜻을 나타내요.

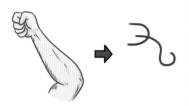

◎ 다음 낱말의 뜻을 알아보고, 빈칸을 채워 문장을 완성해 보세요.

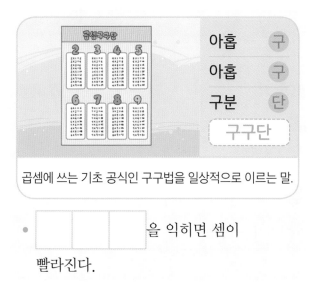

아홉	구
아홉	구
구분	단

구구단

곱셈에 쓰는 기초 공식인 구구법을 일상적으로 이르는 말.

● ☐☐ 을 익히면 셈이

빠라진다.

열	십
가운데	중
여덟	팔
아홉	구

십중팔구

열 가운데 여덟이나 아홉 정도로 거의 대부분이거나 거의 틀림없음을 이르는 말

● 학생들의 ☐☐☐☐ 가

모자를 쓰고 있다.

아홉	구
꼬리	미
여우	호

구미호

꼬리가 아홉 개 달린 여우.

● 이야기 속 ☐☐☐ 는 낮에 사람

으로 변신한다.

👆**친절한 샘** 구미호는 몹시 교활한 사람을 비유적으로 이르는 말이기도 해요.

아홉	구
일만	만
마을	리

구만리

아득하게 먼 거리를 비유적으로 이르는 말.

● 아직 갈 길이 ☐☐☐ 이다.

👆**친절한 샘** 여기서 '리'는 거리를 재는 단위로 사용되었어요.

九 아홉 구

1 다음 그림을 보고, '구' 자가 들어가는 알맞은 낱말을 써 보세요. ▶ 241028-0171

2 다음 뜻을 가진 낱말을 [보기]에서 찾아 써 보세요. ▶ 241028-0172

> 보기
>
> 구구단   구만리   구미호   십중팔구

1 아득하게 먼 거리를 비유적으로 이르는 말. ➡ (   )

2 열 가운데 여덟이나 아홉 정도로 거의 대부분이거나 거의 틀림없음. ➡ (   )

3 밑줄 친 낱말 중 '아홉 구(九)' 자가 들어가지 않은 낱말에 ×표를 하세요. ▶ 241028-0173

1 드디어 <u>구구단</u>을 다 외웠다. (   )

2 우리 <u>식구</u>는 모두 네 명이다. (   )

3 <u>구만리</u> 밖에 떨어져 있는 친구에게 편지를 썼다. (   )

4 빈칸에 들어갈 알맞은 낱말을 [보기]에서 찾아 써 보세요. ▶ 241028-0174

> 보기
>
> 구미호   구구단   구만리   십중팔구

1 늦잠을 자면 (   ) 지각을 한다.

2 고향과 (   ) 밖에 떨어져 사는 사람들은 항상 고향을 그리워한다.

✓ 정답과 해설 22쪽

5~6 다음 글을 읽고, 물음에 답해 보세요.

옛날 옛적에, 한양과 구만리 밖에 떨어진 산골 마을에 구미호가 살고 있었어요. 구미호는 아름다운 여인으로 변신할 수 있는 신통한 능력을 가지고 있었어요. 어느 날, 구미호는 마음이 따뜻한 마을의 총각을 만나 사랑에 빠졌어요. 서로에게 호감을 느낀 두 사람은 결국 결혼을 하게 되었어요.

구미호는 자신의 정체를 감추고 살았어요. 남편을 항상 따뜻하게 대했고, 남편이 위험에 처했을 때는 자신의 신통한 능력을 사용해 구하기도 했어요. 하지만 둘의 행복은 오래가지 못했어요. 어느 날, 마을 사람들이 구미호의 정체를 알게 되었던 것이에요. 마을 사람들의 십중팔구는 구미호를 두려워했고 결국 그녀를 마을에서 쫓아냈어요. 쫓겨난 구미호는 앙심을 품고, 산속에 숨어 구슬피 울며 지나가는 사람들을 홀렸어요. 마을 사람들은 구미호에게 홀리지 않으려고, 큰 소리로 구구단을 외며 산을 넘었다고 해요.

5 일이 일어난 순서대로 기호를 써 보세요.

241028-0175

> ㉠ 마을 사람들이 구미호를 쫓아냄. ㉡ 구미호와 총각이 사랑에 빠져 결혼함.
> ㉢ 마을 사람들이 구미호의 정체를 알게 됨. ㉣ 구미호는 산속에 숨어 지나가는 사람들을 홀림.

(   ) – (   ) – (   ) – (   )

6 구미호에게 홀리지 않으려고 마을 사람들이 한 일은 무엇인가요? (   )

241028-0176

① 큰 소리로 노래하기 ② 귀를 막고 산을 넘기
③ 개를 데리고 산을 넘기 ④ 총각과 함께 산을 넘기
⑤ 큰 소리로 구구단 외우기

어휘 더하기 - 구사일생

아홉 구 + 죽을 사 + 한 일 + 날 생

아홉 번 죽을 뻔하다 한 번 살아난다는 뜻으로, 죽을 고비를 여러 차례 넘기고 겨우 살아남을 이르는 말.

자동차 사고가 날 뻔했으나 [ ][ ][ ][ ] 으로 피했다.

民 백성 **민**이 들어간 어휘

○ 다음 한자의 뜻과 소리를 따라 써 보세요.

民   백성 민
뜻   소리

○ 다음 낱말을 큰 소리로 읽고, 그림과 함께 뜻을 생각해 보세요.

농민

농사 농 + 백성 민

민심

백성 민 + 마음 심

민족

백성 민 + 겨레 족

이재민

근심 이 + 재앙 재 + 백성 민

○ 이미 알고 있는 낱말에 ✓표를 하세요.

☐ 농민 ☐ 민심 ☐ 민족 ☐ 이재민

○ 위 낱말마다 반복되는 글자를 찾아 붙임 딱지를 붙여 보세요.   붙임 딱지   붙임 딱지 활용

다음 한자의 뜻을 생각해 보세요.

民 8급

사람의 눈에 열 십(十) 자가 그려진 모양으로, 옛날에는 다스림을 받는 노예를 뜻했어요. 현재는 '백성'이나 '사람'의 뜻으로 쓰여요.

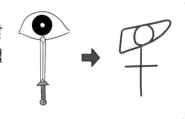

다음 낱말의 뜻을 알아보고, 빈칸을 채워 문장을 완성해 보세요.

농사 농
백성 민
농민

농사짓는 일을 생업으로 삼는 사람.

• 농사가 잘되어 ☐☐들의 얼굴에 웃음꽃이 피었다.

백성 민
마음 심
민심

백성의 마음.

• 정치인들은 ☐☐을 얻기 위해 최선을 다했다.

백성 민
겨레 족
민족

일정한 지역에서 오랜 세월 동안 함께 생활하면서 같은 언어와 문화를 공유하며 역사적으로 형성된 사회 집단.

• 6·25 전쟁은 우리 ☐☐에게 엄청난 고통을 주었다.

근심 이
재앙 재
백성 민
이재민

재해를 입은 사람.

• 지진 피해를 입은 ☐☐☐들을 돕기 위해 자원봉사자들이 모여들었다.

👆 **친절한 샘** '재해'는 지진, 태풍, 홍수, 가뭄, 해일, 화재, 전염병 따위에 의하여 받게 되는 피해를 이르는 말이에요.

民 백성 민

1 낱말의 뜻을 바르게 설명한 것에 ○표를 하세요.

▶ 241028-0177

1 농민: 농사짓는 일을 생업으로 삼는 사람. (   )

2 민심: 국가를 구성하는 사람. 또는 그 나라의 국적을 가진 사람. (   )

3 이재민: 일정한 지역에서 오랜 세월 동안 함께 생활하면서 같은 언어와 문화를 공유하며 역사적으로 형성된 사회 집단. (   )

2 다음은 지진으로 집을 잃고 슬퍼하고 있는 사람들의 모습입니다. 이들을 가리키는 알맞은 낱말에 ○표를 하세요.

▶ 241028-0178

(농민, 이재민)

3 다음 밑줄 친 말이 '백성'의 뜻으로 쓰이지 <u>않은</u> 것은 무엇인가요? (   )

▶ 241028-0179

① <u>민</u>족   ② <u>민</u>심   ③ 농<u>민</u>

④ 이재<u>민</u>   ⑤ <u>민</u>달팽이

4 빈칸에 들어갈 알맞은 낱말을 [보기]에서 찾아 써 보세요.

▶ 241028-0180

보기

농민   민심   민족   이재민

1 가뭄으로 농작물이 말라 가니 (   )들의 얼굴에 근심이 가득하다.

2 우리 (   )은 예로부터 흰옷을 즐겨 입어 '백의민족'으로 불린다.

3 산불로 집을 잃은 (   )들이 학교 체육관에 모여 생활하고 있다.

5~6 다음 글을 읽고, 물음에 답해 보세요.

5000년 동안 한반도에서 삶의 터전을 가꾸며 살아온 우리 민족은 많은 어려움 속에서도 이 땅을 지키며 살아가고 있어요. 지난 100년간 우리 민족은 어떤 어려움을 이겨 냈는지 살펴보아요.

1950년 6·25 전쟁이 일어났을 때, 많은 사람들이 전쟁을 피해 피난민이 되었어요. 사람들은 고향을 떠나 다른 곳으로 피난을 가야 했고, 낯선 곳에서 힘든 생활을 했어요. 식량과 생필품이 부족했고, 편히 쉴 곳도 없었어요. 언제 죽을지 모른다는 전쟁의 공포에 민심은 흉흉해졌어요. 그러나 우리는 전쟁이 끝난 후 파괴된 시설들을 복구하고, 경제를 발전시키기 위해 온 힘을 기울였어요.

또 우리 한반도에는 매년 여름이면 수해가 발생해요. 물난리가 나면 애써 길러 온 농작물들은 물에 잠기고, 많은 농민들이 이재민이 되어 집과 재산을 잃고 고통을 겪어요. 그러나 그들은 쓰러진 농작물을 세워 일으키고, 물에 젖은 살림살이를 씻어 내며 다시 삶의 터전을 가꾸어 나가요.

이처럼 우리 민족은 수많은 어려움을 겪으면서도 힘을 모아 어려움을 이겨 내며 이 땅을 지켜 가고 있어요.

5 6·25 전쟁 당시 사람들이 겪은 어려움이 <u>아닌</u> 것은 무엇인가요? (   ) ▶ 241028-0181

① 편히 쉴 곳이 없었다.   ② 식량과 생필품이 부족했다.
③ 고향을 떠나 피난을 가야 했다.   ④ 애써 길러 온 농작물들이 물에 잠겼다.
⑤ 언제 죽을지 모른다는 전쟁의 공포에 시달렸다.

6 윗글에 나타난 우리 민족이 겪은 어려움 <u>두 가지</u>를 고르세요. (,   ) ▶ 241028-0182

① 전쟁   ② 지진   ③ 해일   ④ 태풍   ⑤ 수해

어휘 더하기 - 민주주의

백성 민 + 주인 주 + 주인 주 + 옳을 의

투표함

모든 국민이 나라의 주인으로서 권리를 갖고, 그 권리를 자유롭고 평등하게 행사하는 정치 방식을 말함.

국민이 주인인 나라를 [ ][ ][ ] 국가 라고 해요.

國 나라 국 이 들어간 어휘

◉ 다음 한자의 뜻과 소리를 따라 써 보세요.

나라 국

뜻   소리

◉ 다음 낱말을 큰 소리로 읽고, 그림과 함께 뜻을 생각해 보세요.

외국

바깥 외 + 나라 국

국내

나라 국 + 안 내

국어

나라 국 + 말씀 어

애국심

사랑 애 + 나라 국 + 마음 심

○ 이미 알고 있는 낱말에 ✓표를 하세요.

☐ 외국 ☐ 국내 ☐ 국어 ☐ 애국심

○ 위 낱말마다 반복되는 글자를 찾아 붙임 딱지를 붙여 보세요.

붙임
딱지

붙임딱지 | 활용

논 國

◉ 다음 한자의 뜻을 생각해 보세요.

國 8급

백성들이 무기를 들고 나라의 울타리인 국경을 지키는 모습을 표현한 글자로, '나라'를 뜻해요.

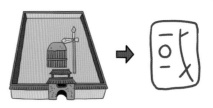

◉ 다음 낱말의 뜻을 알아보고, 빈칸을 채워 문장을 완성해 보세요.

| 바깥 | 외 |
| 나라 | 국 |

외국

자기 나라가 아닌 다른 나라.

• 나는 커서 ☐☐ 여행을 자유롭게 다니고 싶다.

| 나라 | 국 |
| 안 | 내 |

국내

나라의 안.

• 내장산의 가을 단풍은 ☐☐에서 가장 아름답기로 유명하다.

| 나라 | 국 |
| 말씀 | 어 |

국어

한 나라의 국민이 쓰는 말.

• ☐☐는 우리의 소중한 언어이다.

사랑	애
나라	국
마음	심

애국심

자기 나라를 사랑하는 마음.

• 군인들이 투철한 ☐☐☐으로 나라를 지킨다.

👆 친절한 샘 나라를 사랑하는 마음은 '애국심', 학교를 사랑하는 마음은 '애교심', 회사를 사랑하는 마음은 '애사심'이라고 해요.

어휘 다지기 28 國 나라 국

1 다음 밑줄 친 말이 '나라'를 뜻하지 <u>않는</u> 것은 무엇인가요? (   ) ▶ 241028-0183

① <u>국</u>어
② <u>국</u>내
③ 외<u>국</u>
④ <u>국</u>물
⑤ 애<u>국</u>심

2 다음 낱말의 뜻을 알맞게 선으로 이어 보세요. ▶ 241028-0184

1 국어 •

2 외국 •

3 애국심 •

• ㉠ 한 나라의 국민이 쓰는 말.

• ㉡ 자기 나라를 사랑하는 마음.

• ㉢ 자기 나라가 아닌 다른 나라.

3 다음 빈칸에 '국'자로 시작하는 낱말을 써 보세요. ▶ 241028-0185

우리 가족은 비행기를 타야 하는 해외여행보다는 자동차나 기차를 타고 갈 수 있는 [   ][   ]

여행을 더 좋아한다. 그래서 나는 경주, 전주, 광주, 부산, 강릉, 대전 등 많은 곳을 가 보았다.

4 다음 중 밑줄 친 낱말의 쓰임이 알맞지 <u>않은</u> 것은 무엇인가요? (   ) ▶ 241028-0186

① <u>국어</u>를 잘하려면 책을 많이 읽어야 한다.
② 조국을 사랑하는 마음이 바로 <u>애국심</u>이다.
③ 언니는 늘 <u>외국</u>에 나가 살고 싶다고 한다.
④ 이 음식은 <u>국내</u>에서 생산된 재료로만 만들었다.
⑤ 학생들이 투철한 <u>애국심</u>으로 학교 화단을 가꾸고 있다.

어휘 활용하기

✓ 정답과 해설 23쪽

5~6 다음 글을 읽고, 물음에 답해 보세요.

> 우리 가족은 할아버지의 칠순을 맞아 외국으로 여행을 떠나기로 했어요. 할아버지를 모시고 고모가 살고 계시는 미국으로 가기로 했는데, 나는 국어는 잘하지만 영어를 잘 못해서 미국 여행이 걱정이 되었어요. 그래서 미국으로 떠나기 전 영어 공부를 더욱 열심히 했어요.
>
> 14시간의 비행 끝에 도착한 미국은 참 멋졌어요. 국내에서는 보지 못한 신비로운 풍경들이 펼쳐졌어요. 광활한 초원과 마당이 있는 주택들, 개성 있는 외국인들의 모습이 참 멋있었어요.
>
> 마침 고모가 살고 있는 LA에서 우리나라와 미국의 친선 축구 경기도 열려 함께 보러 갔어요. 외국에서 애국가가 울려 퍼지는 것을 들으니 가슴이 뭉클하며 애국심이 솟아올랐어요. 역시 해외에 나가면 애국자가 된다더니 나 역시도 그랬던 것 같아요. 너무나 행복한 미국 여행이었어요.

5 우리 가족은 왜 미국으로 여행을 떠났는지 알맞은 것에 ○표를 하세요.

⏵ 241028-0187

1 국내 여행이 지겨워서 ( )

2 할아버지의 칠순을 맞아서 ( )

3 고모가 미국에 있는 집으로 초대해서 ( )

6 '나'는 언제 애국심이 솟아올랐나요? ( )

⏵ 241028-0188

① 미국에서 한식을 먹었을 때   ② 미국에서 태극기를 보았을 때
③ 미국에서 애국가를 들었을 때   ④ 미국 사람들이 한국을 칭찬할 때
⑤ 미국 사람들이 한국 음악을 듣는 것을 보았을 때

어휘 더하기 - 대한민국

큰 대 + 한국 한 + 백성 민 + 나라 국

오! 필승코리아
Fighting
대한민국!

아시아 대륙 동쪽에 있는 한반도와 그 부속 섬들로 이루어진 공화국.

한반도의 남쪽 절반을 차지하고 있는

의 수도는 서울이다.

教 가르칠 교가 들어간 어휘

○ 다음 한자의 뜻과 소리를 따라 써 보세요.

教 가르칠 교
(뜻)   (소리)

○ 다음 낱말을 큰 소리로 읽고, 그림과 함께 뜻을 생각해 보세요.

교실

가르칠 교 + 집 실

교훈
착하게 슬기롭게

가르칠 교 + 가르칠 훈

설교

말씀 설 + 가르칠 교

교과서
국어
국어
수학 1-1
음악
미술

가르칠 교 + 과정 과 + 글 서

○ 이미 알고 있는 낱말에 ✓표를 하세요.

☐ 교실 ☐ 교훈 ☐ 설교 ☐ 교과서

○ 위 낱말마다 반복되는 글자를 찾아 붙임 딱지를 붙여 보세요.   붙임 딱지   붙임딱지 | 활용

교 교

◉ 다음 한자의 뜻을 생각해 보세요.

8급

'효 효(爻)' 자와 '아들 자(子)', '칠 복(攵)' 자가 결합한 글자로서, 옛사람들은 아이를 가르칠 때 회초리로 치면서 엄하게 가르쳤다고 해요. 그래서 '가르치다'는 뜻을 나타내게 되었어요.

◉ 다음 낱말의 뜻을 알아보고, 빈칸을 채워 문장을 완성해 보세요.

가르칠 교
집 실

교실

유치원, 초등학교, 중·고등학교에서 학습 활동이 이루어지는 방.

• 1학년 ☐☐ 은 2층에 있다.

가르칠 교
가르칠 훈

교훈

앞으로의 행동이나 생활에 지침이 될 만한 것을 가르침. 또는 그런 가르침.

• 책을 읽으면 즐거움과 ☐☐ 을 얻을 수 있다.

말씀 설
가르칠 교

설교

어떤 일의 견해나 관점을 다른 사람이 수긍하도록 단단히 타일러서 가르침. 또는 그런 가르침.

• 남매끼리 싸워서 아버지의 ☐☐ 를 들었다.

가르칠 교
과정 과
글 서

교과서

학교에서 교과 과정에 따라 주된 교재로 사용하기 위하여 편찬한 책.

• 사물함에 ☐☐☐ 를 두고 다니니 가방이 한결 가볍다.

👆친절한 샘 '설교'는 '종교의 교리를 설명함. 또는 그런 설명.'이라는 뜻도 있어요.

1 다음 낱말의 뜻을 알맞게 선으로 이어 보세요.   241028-0189

1 교훈 •

2 설교 •

3 교실 •

• ㉠ 유치원, 초등학교, 중·고등학교에서 학습 활동이 이루어지는 방.

• ㉡ 앞으로의 행동이나 생활에 지침이 될 만한 것을 가르침. 또는 그런 가르침.

• ㉢ 어떤 일의 견해나 관점을 다른 사람이 수긍하도록 단단히 타일러서 가르침. 또는 그런 가르침.

2 다음 그림에 알맞은 낱말을 써 보세요.   241028-0190

3 다음 낱말의 밑줄 친 부분은 어떤 의미가 있나요? (   )   241028-0191

교실   교훈   설교   교육

① 배우다.   ② 그리다.   ③ 모이다.
④ 사귀다.   ⑤ 가르치다.

4 빈칸에 들어갈 알맞은 낱말을 [보기]에서 찾아 써 보세요.   241028-0192

보기

교실   교훈   설교   교과서

1 우리 (   )에 있는 학급 문고에는 재미있는 그림책이 많다.

2 선생님께서는 오늘도 책을 많이 읽으라고 (   )하신다.

3 흥부와 놀부 이야기는 우리에게 착하게 살면 복을 받는다는 (   )을 준다.

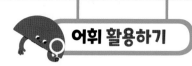

어휘 활용하기

정답과 해설 23쪽

5~6 다음 글을 읽고, 물음에 답해 보세요.

> 1교시 수업 종이 울리자 왁자지껄하던 교실이 순식간에 조용해졌어요. 국어책을 펴라는 선생님의 말씀에, 진우는 서랍에서 책을 꺼냈지만 교과서를 찾을 수가 없었어요.
>
> 얼어붙은 진우에겐 선생님의 목소리가 할아버지의 설교처럼 아득하게 느껴졌어요.
>
> "진우야, 국어책을 왜 아직 안 폈니?"
>
> "책, 책이 없어졌어요."
>
> 선생님이 진우의 서랍을 다시 살펴보았지만 책이 보이지 않자, 주변을 살펴보셨어요. 그런데 진우의 책이 짝꿍 서랍에서 발견되었어요. 짝꿍은 어리둥절한 모습이었어요.
>
> "아, 어제 기윤이랑 지우개 따먹기 한다고 제 책을 주아 책상 위에 밀어 두었어요!"
>
> "그러면 주아는 자기 책인 줄 알고 서랍에 넣은 거구나."
>
> 선생님의 말씀에 깜짝 놀랐던 주아는 안도의 한숨을 쉬었어요.
>
> 이 일로 진우는 자기 물건을 아무 데나 두지 말고, 바로바로 정리해야겠다는 교훈을 얻었어요.

5 진우의 국어책은 어디에 있었는지 알맞은 곳에 〇표를 하세요.

> ▶ 241028-0193

1 진우의 책상 서랍 (   )   2 진우 짝꿍 주아의 책상 서랍 (   )

6 윗글에서 진우가 얻은 교훈은 무엇인가요? (   )

> ▶ 241028-0194

① 친구를 함부로 믿지 말자.   ② 전날 미리 책가방을 챙기자.
③ 자기 물건에 꼭 이름을 쓰자.   ④ 혼날 일이 있으면 정직하게 말씀드리자.
⑤ 자기 물건을 아무 데나 두지 말고 바로바로 정리하자.

어휘 더하기 - 반면교사

돌이킬 반 + 얼굴 면 + 가르칠 교 + 스승 사

> 아, 저렇게 쌓으면 무너지는구나.

다른 사람이나 사물의 부정적인 측면에서 가르침을 얻음을 이르는 말로, 나쁜 사례에서 가르침을 받아 자신에게 도움이 되도록 하자는 뜻.

서두르다 실패한 경우를 | | | | |

삼아 이 일을 더 차근차근 완성해 갑시다.

校 학교 교 가 들어간 어휘

● 다음 한자의 뜻과 소리를 따라 써 보세요.

校   학교 교

뜻   소리

● 다음 낱말을 큰 소리로 읽고, 그림과 함께 뜻을 생각해 보세요.

등교

좋은 아침입니다.

선생님, 안녕하세요?

오를 등 + 학교 교

하교

아래 하 + 학교 교

교복

학교 교 + 옷 복

고등학교

높을 고 + 등급 등 + 배울 학 + 학교 교

○ 이미 알고 있는 낱말에 ✓표를 하세요.

☐ 등교 ☐ 하교 ☐ 교복 ☐ 고등학교

○ 위 낱말마다 반복되는 글자를 찾아 붙임 딱지를 붙여 보세요.

붙임 딱지

붙임 딱지 | 활용

校 교

◎ 다음 한자의 뜻을 생각해 보세요.

校 8급

사귈 교(交)는 다리를 꼬고 앉아 있는 사람을 나타내며, 이 글자는 나무(木)로 만든 형틀에 사람이 묶여 있는 모습을 표현한 글자예요. '죄인을 바로잡다.'라는 의미로 쓰이다 학생을 가르치고 바르게 길러 내는 '학교'를 뜻하게 되었어요.

◎ 다음 낱말의 뜻을 알아보고, 빈칸을 채워 문장을 완성해 보세요.

| 오를 | 등 |
| 학교 | 교 |

등교

학생이 학교에 감.

● 우리 학교 ☐☐ 시간은 오전 9시까지이다.

👆 친절한 샘 유치원이나 학원처럼 '원'의 이름이 붙은 곳에 가는 것은 '등원'이라고 해요.

| 아래 | 하 |
| 학교 | 교 |

하교

공부를 끝내고 학교에서 집으로 돌아옴.

● 어머니와 ☐☐ 시간에 학교 앞 문구점에서 만나기로 하였다.

👆 친절한 샘 '등교'와 '하교'는 뜻이 반대되는 낱말이에요.

| 학교 | 교 |
| 옷 | 복 |

교복

학교에서 학생들이 입도록 정한 제복.

● 학교 종이 울리자 ☐☐을 입은 학생들이 우루루 운동장으로 나왔다.

높을	고
등급	등
배울	학
학교	교

고등학교

중학교를 졸업한 사람에게 고등 보통 교육과 실업 교육을 실시하는 학교.

● 중학교 3학년인 형은 내년에 ☐☐☐☐에 간다.

校 학교 교

1 다음 뜻을 가진 낱말을 [보기]에서 찾아 써 보세요.

241028-0195

보기

| 교복 | 하교 | 등교 | 초등학교 | 고등학교 |

1 학생이 학교에 감. (   )

2 학교에서 학생들이 입도록 정한 제복. (   )

3 중학교를 졸업한 사람에게 고등 보통 교육과 실업 교육을 실시하는 학교. (   )

2 다음 그림에 알맞은 낱말을 써 보세요.

241028-0196

등교

↔

3 다음 밑줄 친 말이 '학교'의 뜻으로 쓰이지 않은 것은 무엇인가요? (   )

241028-0197

① 등교

② 하교

③ 교복

④ 교통

⑤ 초등학교

4 다음 중 밑줄 친 낱말의 쓰임이 알맞지 않은 것은 무엇인가요? (   )

241028-0198

① 내일부터 새로운 영어 학원에 등교하기로 했다.

② 오늘 하교 후에 친구들과 영화를 보러 갈 것이다.

③ 아침에 등교할 때 친구를 만나 함께 학교에 갔다.

④ 형은 내년에 고등학교에 가는데, 벌써 대학 갈 걱정을 한다.

⑤ 누나는 입던 교복이 작아져서 옷 수선집에서 교복 치마의 허리를 늘렸다.

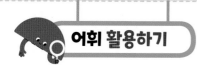

어휘 활용하기

정답과 해설 24쪽

5~6 다음 글을 읽고, 물음에 답해 보세요.

주변에 중학교나 고등학교가 있다면 학생들이 교복을 입고 등교하거나 하교하는 모습을 흔히 볼 수 있을 거예요. 학교에서 학생들이 입도록 정한 제복인 교복에 대해 학생들은 어떤 의견을 가지고 있을까요?

교복 입는 것을 찬성하는 학생들은 교복을 입으면 경제적 부담이 줄어든다고 주장해요. 일반 옷은 자주 바꿔 입어야 하지만 교복은 한두 벌로 돌려 입으면 되기에 많은 옷이 필요 없고, 모두 똑같은 옷을 입음으로써 옷차림에 차이가 없어 평등하게 느껴져요. 또 옷차림에 신경을 덜 쓰게 되어 공부에 좀 더 집중할 수 있다고 주장해요.

교복을 입는 것에 반대하는 학생들은 교복이 자신만의 개성을 표현하는 것을 막고, 일반 옷보다 더 비싸서 오히려 비용 부담이 크다고 주장해요. 또, 교복이 공부하거나 생활하는 데 불편하다고 이야기해요.

5 윗글을 통해 알게 된 내용에 ○표를 하세요.   ▶ 241028-0199

1 교복의 종류 (   )

2 교복을 입게 된 역사 (   )

3 교복을 입으면 좋은 점과 나쁜 점 (   )

6 교복을 입는 것에 반대하는 이유로 알맞지 <u>않은</u> 것은 무엇인가요? (   )   ▶ 241028-0200

① 교복이 공부하는 데 불편하다.   ② 교복이 생활하는 데 불편하다.

③ 일반 옷보다 오히려 더 비싸다.   ④ 자신만의 개성을 표현하는 것을 막는다.

⑤ 옷차림에 신경을 덜 써서 공부에 집중할 수 있다.

어휘 더하기 - 개교기념일

열 개 + 학교 교 + 실마리 기 + 생각할 념 + 날 일

매년 학교를 세워 운영을 처음 시작한 개교일과 같은 날짜에 맞추어 개교를 기념하는 날.

을 맞이하여 학교 사랑

그림 그리기 대회가 열렸다.

30일 학교 교가 들어간 어휘 133

1 다음 뜻을 가진 낱말을 [보기]에서 찾아 써 보세요. ▶ 241028-0201

보기

농민   교훈   민족   국어   구사일생

1 한 나라의 국민이 쓰는 말. (   )

2 아홉 번 죽을 뻔하다 한 번 살아난다는 뜻으로, 죽을 고비를 여러 차례 넘기고 겨우 살아남을 이르는 말. (   )

3 일정한 지역에서 오랜 세월 동안 함께 생활하면서 같은 언어와 문화를 공유하며 역사적으로 형성된 사회 집단. (   )

2 다음 중 뜻이 반대되는 낱말끼리 연결한 것은 어느 것인가요? (   ) ▶ 241028-0202

① 농민 – 난민   ② 교복 – 민족   ③ 등교 – 하교
④ 교실 – 교과서   ⑤ 국어 – 애국심

3 빈칸에 들어갈 알맞은 낱말을 [보기]에서 찾아 써 보세요. ▶ 241028-0203

보기

구만리   구구단   애국심   반면교사

1 남의 실수를 (   )로 삼아 같은 실수를 하지 않도록 하자.

2 앞길이 (   ) 같은 사람이 왜 저렇게 쉽게 포기를 하는지 모르겠다.

3 나라를 지키기 위해 목숨을 바친 독립운동가들의 (   )을 본받도록 하자.

4 다음 빈칸에 들어갈 알맞은 낱말을 선으로 이으세요. ▶ 241028-0204

1 그 수다쟁이의 얘기는 (   ) 헛소문이다. •   • ㉠ 교훈

2 실수와 실패의 경험은 우리에게 (   )을 준다. •   • ㉡ 국내

3 서울은 (   )에서 인구가 가장 많은 도시이다. •   • ㉢ 십중팔구

◎ 다음 그림에 해당하는 낱말을 찾아 길을 따라가 보세요.

구 입 력 명 남 시 가 식 학 한

칠 청 실 제 십 소 수 토 중 외

북 년 육 금 군 구 민 국 교 교

口	入	力	名	男	時	家	食	學	韓
1일 차	2일 차	3일 차	4일 차	5일 차	6일 차	7일 차	8일 차	9일 차	10일 차

七	青	室	弟	十	小	水	土	中	外
11일 차	12일 차	13일 차	14일 차	15일 차	16일 차	17일 차	18일 차	19일 차	20일 차

北	年	六	金	軍	九	民	國	教	校
21일 차	22일 차	23일 차	24일 차	25일 차	26일 차	27일 차	28일 차	29일 차	30일 차

학습 진도표

학습한 날짜를 적고 해당일에 배운 한자를 붙임 딱지 2에서 찾아 붙이세요.

1일 차	2일 차	3일 차	4일 차	5일 차
월 일	월 일	월 일	월 일	월 일

6일 차	7일 차	8일 차	9일 차	10일 차
월 일	월 일	월 일	월 일	월 일

11일 차	12일 차	13일 차	14일 차	15일 차
월 일	월 일	월 일	월 일	월 일

16일 차	17일 차	18일 차	19일 차	20일 차
월 일	월 일	월 일	월 일	월 일

21일 차	22일 차	23일 차	24일 차	25일 차
월 일	월 일	월 일	월 일	월 일

26일 차	27일 차	28일 차	29일 차	30일 차
월 일	월 일	월 일	월 일	월 일

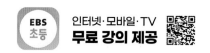

초 | 등 | 부 | 터 EBS

새 교육과정 반영

국어 어휘 베스트셀러 시리즈

어휘가 독해다!

초등 한자 어휘

정답과 해설

2단계

초등 1~2학년 권장

어휘 다지기 **1** 일　　　　　본문 6~7쪽

01 **1** - ㉡ **2** - ㉢ **3** - ㉠
02 항구
03 **1** 인구 **2** 식구
04 ④
05 ③
06 비상구

어휘 다지기 **5** 일　　　　　본문 22~23쪽

01 **1** - ㉢ **2** - ㉡ **3** - ㉠
02 장남
03 **1** 남편 **2** 남학생
04 ②
05 (막내) 공주가 결혼을 할 상대가 없다는 것
06 ③

어휘 다지기 **2** 일　　　　　본문 10~11쪽

01 입
02 입학식
03 **1** 입구 **2** 입장
04 **1** 입양 **2** 입학식
05 **1** ○
06 ⑤

어휘 굳히기 **1**~**5** 일　　　　　본문 24~25쪽

01 **1** 입구 **2** 인구 **3** 집중력
02 **1** 항구 **2** 협력
03 **1** 체력 **2** 입학식
04 **1** 서명 **2** 남자

[어휘 놀이터]

인구, 명함, 입구

어휘 다지기 **3** 일　　　　　본문 14~15쪽

01 **1** ○
02 **1** 체력 **2** 집중력
03 **2** ×
04 ③
05 단체 줄넘기 또는 줄넘기
06 ⑤

어휘 다지기 **4** 일　　　　　본문 18~19쪽

01 **1** - ㉠ **2** - ㉢ **3** - ㉡
02 **1** ○
03 **1** 명함 **2** 별명
04 ③
05 ④
06 서명, 별명

어휘 다지기 **6**일 본문 28~29쪽

01 시
02 **1** – ㉡ **2** – ㉠
03 **1** 시간표 **2** 시계
04 ⑤
05 ⑤
06 ④

어휘 다지기 **10**일 본문 44~45쪽

01 한국
02 한옥
03 (순서대로) 한식, 한복
04 **1** 한옥 **2** 한의사
05 ②
06 **1** – ㉢, **2** – ㉡, **3** – ㉣, **4** – ㉠

어휘 다지기 **7**일 본문 32~33쪽

01 **3** ○
02 (순서대로) 가족, 가훈
03 ①
04 가족, 전문가, 국가
05 ⑤
06 ③

어휘 굳히기 **6**~**10**일 본문 46~47쪽

01 **1** 음식 **2** 가족
02 **1** 한복 **2** 시간표
03 **1** 전문가 **2** 대학생
04 ③

[어휘 놀이터]

풀이 참조

어휘 다지기 **8**일 본문 36~37쪽

01 ⑤
02 ④
03 **1** 외식 **2** 음식
04 **1** 한정식 **2** 음식
05 ③
06 ③

어휘 다지기 **9**일 본문 40~41쪽

01 **1** – ㉠ **2** – ㉡ **3** – ㉢
02 학생
03 **1** 방학 **2** 학습
04 ⑤
05 **2** ✕
06 ④

어휘 다지기 ⑪일
본문 50~51쪽

01 ① 칠십 ② 칠월
02 칠석
03 ① ㉠ ② ㉡ ③ ㉢
04 ④
05 ④
06 ①

어휘 다지기 ⑮일
본문 66~67쪽

01 ①-㉡ ②-㉠
02 십년지기
03 ② △
04 ① 십년지계 ② 십년지기
05 ④
06 ② ○

어휘 다지기 ⑫일
본문 54~55쪽

01 ①-㉢ ②-㉡ ③-㉠
02 ① ② ② ②
03 ② ○
04 ① 청색 ② 청년
05 신윤복
06 ⑤

어휘 굳히기 ⑪~⑮일
본문 68~69쪽

01 ①-㉢ ②-㉠ ③-㉡
02 ⑤
03 ① 거실 ② 청년 ③ 사제
04 ① 청출어람 ② 난형난제

[어휘 놀이터]
01 십분 02 실내 03 칠십 04 수제자 05 청춘

어휘 다지기 ⑬일
본문 58~59쪽

01 거실
02 실외
03 ② ○
04 ②
05 ① 기와집 ② 초가집
06 ③

어휘 다지기 ⑭일
본문 62~63쪽

01 ① 사제 ② 자제 ③ 수제자
02 ② ○
03 ③ ×
04 ①
05 ① 모차르트 ② 수제자
06 ①, ③

어휘 다지기 16일　　　본문 72~73쪽

01 1 소 2 소
02 2 ○
03 ②
04 1 소아 2 최소한
05 1 ○
06 ⑤

어휘 다지기 20일　　　본문 88~89쪽

01 1 － ㉠ 2 － ㉡ 3 － ㉢
02 외국인
03 1 야외 2 외출
04 내외
05 ⑤
06 1 ○

어휘 다지기 17일　　　본문 76~77쪽

01 수영
02 1 ㉡ 2 ㉠
03 1 수영 2 수분
04 ⑤
05 해수욕장
06 ①

어휘 굳히기 16~20일　　　본문 90~91쪽

01 1 ㉠ 2 ㉢ 3 ㉡
02 1 해수욕장 2 외국인
03 1 영토 2 집중 3 수심
04 백발백중

[어휘 놀이터]

사막여우

어휘 다지기 18일　　　본문 80~81쪽

01 1 － ㉢ 2 － ㉠ 3 － ㉡
02 2 ○
03 ①
04 1 토지 2 영토
05 광개토
06 3 ×

어휘 다지기 19일　　　본문 84~85쪽

01 1 명중 2 중앙 3 집중
02 백발백중
03 ①
04 1 ×
05 2 ○
06 ⑤

어휘 다지기 **21** 일 　　　본문 94~95쪽

01 **1** 북상 **2** 북풍 **3** 북극성
02 강북
03 **1** 북풍 **2** 북상
04 ⑤
05 **1** ○
06 ②

어휘 다지기 **25** 일 　　　본문 110~111쪽

01 장군
02 **2** ○
03 **1** ×
04 ⑤
05 **2** ○
06 ③

어휘 다지기 **22** 일 　　　본문 98~99쪽

01 ③
02 풍년
03 **1** 내년 **2** 청소년
04 **1** 내년 **2** 연말 **3** 풍년
05 ①
06 ③

어휘 굳히기 **21**~**25** 일 　　　본문 112~113쪽

01 **1**-ⓒ **2**-ⓛ **3**-㉠
02 **1** 상금 **2** 장군
03 **1** 기부금 **2** 강북 **3** 연말
04 ②

[어휘 놀이터]

북상, 풍년, 육각형, 기부금

어휘 다지기 **23** 일 　　　본문 102~103쪽

01 **2** ○
02 사육신
03 **2** ×
04 ④
05 ②
06 ②

어휘 다지기 **24** 일 　　　본문 106~107쪽

01 **3** ○
02 ③
03 **1** 기부금 **2** 상금
04 ①
05 ②
06 ②, ⑤

어휘 다지기 **26**일　　본문 116~117쪽

01 구미호
02 **1** 구만리 **2** 십중팔구
03 **2** ×
04 **1** 십중팔구 **2** 구만리
05 ⓒ - ⓒ - ⓐ - ⓔ
06 ⑤

어휘 다지기 **27**일　　본문 120~121쪽

01 **1** ○
02 이재민
03 ⑤
04 **1** 농민 **2** 민족 **3** 이재민
05 ④
06 ①, ⑤

어휘 다지기 **28**일　　본문 124~125쪽

01 ④
02 **1** - ⓐ **2** - ⓒ **3** - ⓑ
03 국내
04 ⑤
05 **2** ○
06 ③

어휘 다지기 **29**일　　본문 128~129쪽

01 **1** - ⓑ **2** - ⓒ **3** - ⓐ
02 교과서
03 ⑤
04 **1** 교실 **2** 설교 **3** 교훈
05 **2** ○
06 ⑤

어휘 다지기 **30**일　　본문 132~133쪽

01 **1** 등교 **2** 교복 **3** 고등학교
02 하교
03 ④
04 ①
05 **3** ○
06 ⑤

어휘 굳히기 **26~30**일　　본문 134~135쪽

01 **1** 국어 **2** 구사일생 **3** 민족
02 ③
03 **1** 반면교사 **2** 구만리 **3** 애국심
04 **1** - ⓒ **2** - ⓐ **3** - ⓑ

[어휘 놀이터]

구미호 → 이재민 → 교과서 → 교복

어휘 다지기 ❶ 일 　　　　　本문 6~7쪽

01 ❶-ⓒ ❷-ⓒ ❸-㉠
02 항구
03 ❶ 인구 ❷ 식구
04 ④
05 ③
06 비상구

01 ❶은 '대피를 위해 마련한 출입구'를 이르는 말이고, ❷는 '일정한 지역에 사는 사람의 수'를 이르는 말, ❸은 '배가 안정하게 드나들도록 부두를 설비한 곳'을 이르는 말입니다.

02 바닷가에 배가 있는 모습으로 보아 '항구'가 알맞습니다.

03 ❶에는 '일정한 지역에 사는 사람의 수'를 뜻하는 '인구'가, ❷에는 '한 집에서 끼니를 같이하는 사람'을 뜻하는 '식구'가 알맞습니다.

04 건물에 화재가 난 상황이므로 '비상구'를 찾아 대피해야 합니다.

05 인천광역시는 서울특별시의 '서쪽'에 위치해 있습니다.

06 글에서 여객선을 이용할 때는 비상구의 위치를 확인하고, 구명조끼의 사용 방법을 익혀야 한다고 했으므로 빈칸에 들어갈 낱말은 '비상구'가 알맞습니다.

어휘 다지기 ❷ 일 　　　　　本문 10~11쪽

01 입
02 입학식
03 ❶ 입구 ❷ 입장
04 ❶ 입양 ❷ 입학식
05 ❶ ○
06 ⑤

01 빈칸에 '입'을 넣으면 '입양, 입구, 입장, 입학식'이 됩니다.

02 그림은 입학식에서 사진을 찍고 있는 모습이므로 회색 빈칸에는 '입학식'이 들어가는 것이 알맞습니다.

03 ❶은 '들어가는 통로'를 뜻하는 '입구', ❷는 '장내로 들어간다.'는 뜻인 '입장'이 알맞습니다.

04 '입양'은 '양자로 들어간다.'는 뜻을, '입학식'은 '입학할 때 신입생을 모아 놓고 행하는 의식'을 뜻하는 말입니다.

05 '입양, 입장, 입학식'은 모두 새로운 시작의 의미를 가지고 있다는 공통점이 있습니다.

06 ⑤에는 공연이 끝난 뒤 밖으로 나간다는 말이 있으므로 입장이 아닌 '퇴장'이라는 낱말을 쓰는 것이 알맞습니다.

어휘 다지기 **3**일
본문 14~15쪽

01 **1** ○
02 **1** 체력 **2** 집중력
03 **2** ×
04 ③
05 단체 줄넘기 또는 줄넘기
06 ⑤

01 **2**는 '체력'을, **3**은 '노력'을 뜻하는 설명입니다.

02 **1**은 '육체적 활동을 할 수 있는 몸의 힘'을 뜻하는 '체력'이, **2**에는 '마음이나 주의를 한 곳에 모을 수 있는 힘'을 뜻하는 '집중력'이 알맞습니다.

03 '달력'은 '1년 가운데 달, 날, 요일, 이십사절기, 행사일 따위의 사항을 날짜에 따라 적어 놓은 것'을 뜻하는 말로 '歷(지날 력)' 자가 쓰입니다.

04 '역도'는 '무거운 역기를 들어 올려 그 중량을 겨루는 경기'를 뜻하는 말입니다.

05 가을 체육 대회에서 2학년은 '단체 줄넘기'를 하기로 했습니다.

06 해민이는 단체 줄넘기를 잘하기 위해서는 집중력이 필요하므로 다 같이 숫자를 외치면서 연습을 하자고 말했습니다.

어휘 다지기 **4**일
본문 18~19쪽

01 **1**-㉠ **2**-㉢ **3**-㉡
02 **1** ○
03 **1** 명함 **2** 별명
04 ③
05 ④
06 서명, 별명

01 '별명'은 사람의 '외모나 성격 따위의 특징을 바탕으로 남들이 지어 부르는 이름'을, '서명'은 '자기 이름을 써넣음.'을, '동명이인'은 '같은 이름을 가진 서로 다른 사람'을 뜻하는 말입니다.

02 **2**는 '별명', **3**은 '서명'을 나타내는 그림입니다.

03 **1**에는 참석자들끼리 서로 주고받은 것으로 '명함'이, **2**에는 삼촌의 큰 키에서 만들어진 것으로 '별명'이 들어가는 것이 알맞습니다.

04 병원에서 이름이 같은 환자를 헷갈리지 않기 위해 생년월일을 확인하므로 '동명이인'이 들어가는 것이 적절합니다.

05 선생님과 친구들은 동명이인을 구별하기 위해 특징으로 별명을 만들었습니다.

06 선생님은 동명이인 학생들의 작품을 구별하기 위해 명함에 서명과 별명을 적으라고 하셨습니다.

어휘 다지기 ❺일

01 **1**-ⓒ **2**-ⓛ **3**-ⓐ
02 장남
03 **1** 남편 **2** 남학생
04 ②
05 (막내) 공주가 결혼을 할 상대가 없다는 것
06 ③

어휘 굳히기 ❶~❺일

01 **1** 입구 **2** 인구 **3** 집중력
02 **1** 항구 **2** 협력
03 **1** 체력 **2** 입학식
04 **1** 서명 **2** 남자

[어휘 놀이터]

인구, 명함, 입구

---

01 '남자'는 '남성으로 태어난 사람'을, '남편'은 '혼인하여 여자의 짝이 된 남자'를, '남학생'은 '남자 학생'을 뜻하는 말입니다.

02 '장남'은 '둘 이상의 아들 가운데 맏이가 되는 아들'을 뜻하는 말입니다.

03 **1**에는 아내의 배우자를 이르는 말인 '남편'이, **2**에는 여학생의 반대말인 '남학생'이 들어가는 것이 알맞습니다.

04 장남, 남편, 남학생은 모두 '사내', '남자'의 뜻과 관련 있습니다.

05 무지개 나라의 왕은 막내 공주가 결혼을 할 상대가 없어서 걱정하고 있습니다.

06 ③ 여러 시험을 거쳐 두 명의 남자가 최종 후보가 되었습니다.
④ 첫 번째 후보는 다섯 형제 중 장남이라고 했으므로 네 명의 남동생이 있습니다.

01 '들어가는 통로'를 뜻하는 낱말은 '입구'이며, '인구'는 '일정한 지역에 사는 사람의 수'를 이르는 말을, '집중력'은 '마음이나 주의를 한 곳에 모을 수 있는 힘'을 나타내는 말입니다.

02 **1**은 배가 드나들 수 있는 '항구'를, **2**는 모두가 힘을 모으는 '협력'을 나타낸 그림입니다.

03 **1**에는 '육체적 활동을 할 수 있는 몸의 힘'을 뜻하는 '체력'이 들어가야 자연스럽고, **2**에는 '입학을 축하하는 의식'인 '입학식'이 들어가야 자연스럽습니다.

04 '사인'은 이름을 쓴다는 뜻을 나타내는 '서명'과, '남성'은 남성으로 태어난 사람을 나타내는 '남자'와 의미가 비슷합니다.

어휘 다지기 **6**일   본문 28~29쪽

01 시
02 **1**-ⓒ **2**-㉠
03 **1** 시간표 **2** 시계
04 ⑤
05 ⑤
06 ④

01 빈칸에 공통으로 들어갈 글자는 '시'입니다. 빈칸에 '시'자를 넣으면 '시대, 시계, 시간, 잠시, 시간표'가 됩니다.

02 **1**은 '시간대별로 할 일 따위를 적어 넣은 표'를 뜻하는 '시간표', **2**는 '시간을 재거나 시각을 나타내는 기계나 장치를 통틀어 이르는 말'인 '시계'를 나타내는 그림입니다.

03 **1**은 뒤에 국어 과목이 들어 있다는 내용이 있으므로 '시간표'가, **2**에는 아홉 시가 넘었다는 내용이 나오므로 '시계'가 들어가는 것이 알맞습니다.

04 ⑤ 화장실에 다녀올 '시간'이 부족하다는 표현이 적절합니다.

05 선생님께서 사회 시간에 조선 시대 왕의 일과 시간표를 보여 주셨습니다.

06 글에서 조선 시대 왕은 보통 모든 일을 마무리한 후 밤 11시가 넘어야 잠자리에 들 수 있었다고 했습니다.

어휘 다지기 **7**일   본문 32~33쪽

01 **3** ○
02 (순서대로) 가족, 가훈
03 ①
04 가족, 전문가, 국가
05 ⑤
06 ③

01 '국가'는 '일정한 영토와 거기에 사는 사람들로 구성되고, 주권(主權)에 의한 하나의 통치 조직을 가지고 있는 사회 집단'을, '가훈'은 '한집안의 조상이나 어른이 자손들에게 일러 주는 가르침'을 말합니다.

02 '가족'은 '주로 부부를 중심으로 한, 친족 관계에 있는 사람들의 집단을 뜻하는 말'이고, '가훈'은 '한집안의 조상이나 어른이 자손들에게 일러 주는 가르침'을 말합니다.

03 '가짜'는 거짓을 참인 것처럼 꾸민 것을 뜻하는 말로, '假(거짓 가)' 자가 쓰입니다.

04 **2** '전문가'는 '어떤 분야를 연구하거나 그 일에 종사하여 그 분야에 상당한 지식과 경험을 가진 사람을 뜻하는 말'입니다.

05 글에 나타난 나의 가족 구성원은 아버지, 어머니, 큰오빠, 언니, '나'입니다.

06 '나'의 가족의 가훈은 '성실한 사람이 되자.'입니다.

어휘 다지기 8 일
본문 36~37쪽

01 ⑤
02 ④
03 1 외식 2 음식
04 1 한정식 2 음식
05 ③
06 ③

01 '식목일'은 나무를 많이 심고 아껴 가꾸도록 권장하기 위하여 국가에서 정한 날로, '심을 식(植)'을 씁니다.

02 그림은 전통적인 한식 식단을 바탕으로 여러 가지 음식을 내는 정식인 '한정식'을 나타낸 것입니다.

03 '외식'은 '집에서 직접 해 먹지 아니하고 밖에서 음식을 사 먹음.'을, '음식'은 '사람이 먹고 마시는 것을 통틀어 이르는 말'을 뜻합니다.

04 1에는 '전통적인 한식 식단을 바탕으로 여러 가지 음식을 내는 정식'을 뜻하는 '한정식'이, 2에는 '사람이 먹고 마시는 것을 통틀어 이르는 말'인 '음식'이 들어가는 것이 알맞습니다.

05 이 글은 의식주 중 '식'과 관련된 '음식'에 대해 설명하고 있습니다.

06 건강한 식생활을 위해서는 영양소가 골고루 들어간 음식을 선택해야 합니다.

어휘 다지기 9 일
본문 40~41쪽

01 1-㉠ 2-㉡ 3-㉢
02 학생
03 1 방학 2 학습
04 ⑤
05 2 ×
06 ④

01 '학교'는 '일정한 목적·교과 과정·설비·제도 및 법규에 의하여 계속적으로 학생에게 교육을 실시하는 기관'을, '방학'은 '일정 기간 동안 수업을 쉬는 일. 또는 그 기간'을, '학습'은 '배워서 익힘.'을 나타내는 말입니다.

02 그림은 '대학교에 다니는 학생'인 '대학생'을 나타내고 있습니다.

03 1에는 '방학'이, 2에는 앞에 수학 시간이라는 말이 나오므로 '학습'이라는 낱말이 알맞습니다.

04 '개학'은 학교에서 방학, 휴교 따위로 한동안 쉬었다가 다시 수업을 시작한다는 말로, 학교에 가지 않는다는 내용과 어울리지 않습니다.

05 나는 삼촌이 다니는 대학교에서 도서관, 강의실, 기념품 판매점을 방문했습니다.

06 기념품 판매점에서 학교 사진이 그려진 다이어리를 샀습니다.

어휘 다지기 10 일 본문 44~45쪽

01 한국
02 한옥
03 (순서대로) 한식, 한복
04 **1** 한옥 **2** 한의사
05 ②
06 **1**–ⓒ **2**–ⓛ **3**–ⓔ **4**–ⓐ

01 밑줄 친 부분은 모두 '한국/나라 한(韓)'을 쓰는 글자로, '한국'을 뜻하는 말입니다.

02 그림은 '우리나라 고유의 형식으로 지은 집'을 뜻하는 '한옥'을 나타내고 있습니다.

03 '한식'은 '우리나라 고유의 음식이나 식사'를, '한복'은 '우리나라의 고유한 옷'을 뜻하는 말입니다.

04 **1** 에는 기와로 지었다고 설명하고 있으므로 '한옥'이, **2** 에는 한약을 처방받았다는 말이 있으므로 '한의사'가 알맞습니다.

05 '탈춤'도 우리나라 전통문화 중 하나이지만, 글에서는 한식, 한복, 한옥, 한의학에 대해 설명하고 있습니다.

06 우리나라 전통 의상은 한복, 음식은 한식, 의술은 한의학, 집은 한옥입니다.

어휘 굳히기 6 ~ 10 일 본문 46~47쪽

01 **1** 음식 **2** 가족
02 **1** 한복 **2** 시간표
03 **1** 전문가 **2** 대학생
04 ③

[어휘 놀이터]

풀이 참조

01 '사람이 먹고 마시는 것을 통틀어 이르는 말'은 '음식', '주로 부부를 중심으로 한, 친족 관계에 있는 사람들의 집단'은 '가족'을 뜻하는 말입니다.

02 **1** 은 우리나라 고유 의상인 '한복'을, **2** 는 시간대별로 할 일 따위를 적어 넣은 표인 '시간표'를 나타내는 그림입니다.

03 **1** 에는 선생님이라는 낱말이 이어지므로 '전문가'라는 낱말이 알맞고, **2** 는 방학이라는 말이 나오므로 '대학생'이 들어가는 것이 알맞습니다.

04 ③ 오후 1시라는 말이 나오므로 '시계'를 보았다고 쓰는 것이 알맞습니다.

[어휘 놀이터]

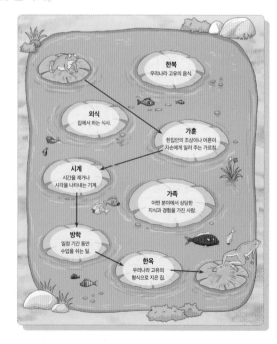

어휘 다지기 **11**일
본문 50~51쪽

01 **1** 칠십 **2** 칠월
02 칠석
03 **1** ㉠ **2** ㉢ **3** ㉡
04 ④
05 ④
06 ①

어휘 다지기 **12**일
본문 54~55쪽

01 **1** - ㉢ **2** - ㉡ **3** - ㉠
02 **1** ② **2** ②
03 **2** ○
04 **1** 청색 **2** 청년
05 신윤복
06 ⑤

---

01 **1** 육십과 팔십 사이에 들어갈 말은 칠십, **2** 유월 다음의 달은 칠월입니다.

02 견우와 직녀가 까치 다리 위에서 만나고 있는 그림이므로 '칠석'이 알맞습니다.

03 **1** '칠석'은 '음력 7월 7일을 이르는 말.', **2** '칠월'은 '한 해의 열두 달 가운데 일곱째 달.', **3** '북두칠성'은 '북쪽 하늘에 국자 모양을 이루며 가장 뚜렷하게 보이는 일곱 개의 별.'이라는 뜻입니다.

04 '색칠'은 '색깔이 나게 칠을 함. 또는 그 칠.'이라는 뜻으로 '옻 칠(漆)'을 씁니다.

05 칠석에는 '견우와 직녀'의 이야기가 전해 내려옵니다.

06 칠석날 아침에는 견우와 직녀에게 다리를 만들어 준 까치에게 보답하는 의미로 담장 위에 밥을 올려 두었습니다.

01 **1** '청춘'은 '새싹이 파랗게 돋아나는 봄철이라는 뜻으로, 젊은 나이 또는 그런 시절'을 이르는 말입니다. **2** '청년'은 '신체적·정신적으로 한창 성장하거나 무르익은 시기에 있는 사람', **3** '청색'은 '밝고 선명한 푸른색'을 뜻합니다.

02 **1** '청색'은 '밝고 선명한 푸른색'을 뜻하므로 ②의 그림이 알맞습니다. **2** '청년'은 '신체적·정신적으로 한창 성장하거나 무르익은 시기에 있는 사람'을 뜻하므로 ②의 젊은 남자 그림이 어울립니다.

03 선생님보다 그림을 더 잘 그린다고 칭찬하고 있으므로, '제자나 후배가 스승이나 선배보다 나음을 비유적으로 이르는 말'인 '청출어람'이 어울립니다. **1** '이팔청춘'은 '16세 무렵의 꽃다운 청춘', **3** '청산유수'는 '푸른 산에 흐르는 맑은 물'이라는 뜻으로, 막힘없이 썩 잘하는 말을 비유적으로 이르는 말입니다.

04 **1** 가방을 꾸며 주는 말이므로 '청색'이 가장 잘 어울립니다. **2** 앞의 내용이 '꿈을 이루기 위해 노력하는'이므로 '청년'이 가장 잘 어울립니다.

05 조선 시대의 화가 신윤복에 대해 설명하는 글입니다.

06 그림을 가르쳐 준 스승인 아버지보다도 높은 평가를 받기 때문에 '청출어람'이라고 하였습니다.

어휘 다지기 13 일　　　본문 58~59쪽

01 거실
02 실외
03 2 ○
04 ②
05 1 기와집 2 초가집
06 ③

01 그림은 가족이 일상적으로 모여서 생활하는 공간인 '거실'을 나타내고 있습니다.

02 '실내'는 '방이나 건물 따위의 안'을 뜻합니다. '실내'와 반대되는 뜻을 가진 낱말은 '방이나 건물 따위의 밖'을 뜻하는 '실외'입니다.

03 뛰어다니지 않아야 하고, 어디로 들어가 시원한 물을 마셨다는 문장의 내용에 가장 알맞은 낱말은 '실내'입니다.

04 거실, 화장실, 회의실, 음악실은 모두 '집 실(室)'이 사용된 낱말입니다. '실패'는 '일을 잘못하여 뜻한 대로 되지 아니하거나 그르침'의 뜻으로, '잃을 실(失)'이 사용된 낱말입니다.

05 1 지붕에 기와를 올린 집은 '기와집', 2 흙으로 벽을 만들고 짚을 엮어 지붕을 얹은 집은 '초가집'입니다.

06 대청마루는 오늘날의 거실과 비슷한 역할을 하는 공간이라고 하였습니다.

어휘 다지기 14 일　　　본문 62~63쪽

01 1 사제 2 자제 3 수제자
02 2 ○
03 3 ×
04 ①
05 1 모차르트 2 수제자
06 ①, ③

01 1 '스승과 제자를 아울러 이르는 말'은 '사제', 2 '남을 높여 그의 아들을 이르는 말'은 '자제', 3 '여러 제자 가운데 배움이 가장 뛰어난 제자'는 '수제자'입니다.

02 '누구를 형이라 하고 누구를 아우라 하기 어렵다는 뜻으로, 두 사물이 비슷하여 낫고 못함을 정하기 어려움을 이르는 말'은 '난형난제'입니다.

03 3 '난형난제'는 '누구를 형이라 하고 누구를 아우라 하기 어렵다는 뜻으로, 두 사물이 비슷하여 낫고 못함을 정하기 어려움을 이르는 말'입니다. 친형제처럼 매우 가까운 친구로 지내는 것을 이르는 말은 '호형호제'로, '서로 형이니 아우니 하고 부른다.'는 뜻입니다.

04 누가 더 잘했다고 말하기 어려웠다는 것은 두 사람의 실력이 비슷해서이므로 빈칸에 가장 잘 어울리는 낱말은 '난형난제'입니다.

05 음악의 천재라고 불리는 모차르트는 하이든의 수제자였습니다.

06 하이든은 가난한 목수의 아들로 태어나 생계를 유지하기 위해 귀족 집안의 자제들을 가르쳤습니다. 모차르트는 하이든의 제자 중 한 명입니다.

어휘 다지기 15일

01 1 - ㉡ 2 - ㉠
02 십년지기
03 2 △
04 1 십년지계 2 십년지기
05 ④
06 2 ○

어휘 굳히기 11~15일

01 1 - ㉢ 2 - ㉠ 3 - ㉡
02 ⑤
03 1 거실 2 청년 3 사제
04 1 청출어람 2 난형난제

[어휘 놀이터]

01 십분 02 실내 03 칠십 04 수제자 05 청춘

01 1 '수십'은 '십의 여러 배가 되는 수'라는 뜻, 2 '십분'은 '아주 충분히'라는 뜻입니다.

02 그림 속 두 여자는 매우 친해 보입니다. 따라서 '오래전부터 친히 사귀어 잘 아는 사람'이라는 뜻의 '십년지기'가 그림에 어울리는 낱말입니다.

03 1과 3의 '십분'은 '아주 충분히'를 뜻합니다. 2의 '십 분'은 '10분의 시간'을 뜻합니다. 따라서 2에서 사용한 '십 분'만 뜻이 다릅니다.

04 1 '나'는 꾸준히 발전하기 위해 이것을 세우고 있으므로, '앞으로 십 년을 내다보고 세우는 계획'이라는 뜻의 '십년지계'가 알맞은 낱말입니다. 2 말하지 않아도 서로 마음을 알 만한 사이라는 내용에 알맞은 낱말은 '오래전부터 친히 사귀어 잘 아는 사람'이라는 뜻의 '십년지기'입니다.

05 십 대에는 여러 사람과 만나며 새롭고 다양한 경험을 해 보는 것이 좋다고 했습니다. 따라서 ④는 글의 내용과 일치하지 않습니다.

06 글쓴이는 좋은 친구란 서로 믿고 지지해 줄 수 있는 친구, 나와 마음이 통하는 친구라고 했습니다. 따라서 승원이가 글쓴이의 생각을 잘 이해하였습니다.

01 1 '청년'의 '청'은 '푸를 청(靑)', 2 '화장실'의 '실'은 '집 실(室)', 3 '북두칠성'의 '칠'은 '일곱 칠(七)'자입니다.

02 '아주 충분히.'의 뜻을 가진 낱말은 '십분', '앞으로 십 년을 내다보고 세우는 계획.'은 '십년지계', '오래전부터 친히 사귀어 잘 아는 사람.'은 '십년지기'이므로 공통으로 들어갈 글자는 '십'입니다.

03 1은 가족들이 생활하는 공간인 '거실' 그림입니다. 2는 '신체적·정신적으로 한창 성장하거나 무르익은 시기에 있는 사람.'을 뜻하는 '청년'이 어울립니다. 3의 그림은 선생님과 학생이 함께 공부하고 있으므로 '사제'가 어울립니다.

04 1 제자나 후배가 스승이나 선배보다 나음을 비유적으로 이르는 말은 '청출어람'입니다. 2 누구를 형이라 하고 누구를 아우라 하기 어렵다는 뜻으로, 두 사물이 비슷하여 낫고 못함을 정하기 어려움을 이르는 말은 '난형난제'입니다.

어휘 다지기 16 일 본문 72~73쪽

01 ① 소 ② 소
02 ② ○
03 ②
04 ① 소아 ② 최소한
05 ① ○
06 ⑤

01 ① '크고 작음.'은 '대소', ② '나이가 적은 아이.'는 '소아'입니다.

02 '가장 적게 잡아도. 또는 일정한 조건에서 가능한 한 가장 적게.'라는 뜻을 가진 낱말은 '최소한'입니다.

03 '소원'은 '어떤 일이 이루어지길 바람.'이라는 뜻으로, '소'는 '바 소(所)' 자입니다.

04 ① 성인에 비해 감기에 더 잘 걸리는 사람에 대해 말하고 있는 문장이므로 '소아'가 알맞습니다. ② 가장 적게 잡아도 한 시간을 기다려야 한다는 뜻이므로 '최소한'이 알맞습니다.

05 ① 감기에 걸리면 코가 막히고 콧물이 납니다. ② 감기를 일으키는 바이러스는 200가지가 넘습니다. ③ 감기에 걸리면 실내가 건조하지 않게 하는 것이 좋습니다.

06 감기는 공기 중에 떠돌던 바이러스가 입이나 코에 닿아 몸에 들어가면 걸리게 됩니다.

어휘 다지기 17 일 본문 76~77쪽

01 수영
02 ① ㉡ ② ㉠
03 ① 수영 ② 수분
04 ⑤
05 해수욕장
06 ①

01 아이들이 수영장에서 수영을 하고 있는 그림입니다.

02 ① '수심'은 '강이나 바다, 호수 따위의 물의 깊이.', ② '수분'은 '축축한 물의 기운'이라는 뜻입니다.

03 ① 바다에서 할 수 있는 것은 '수영'입니다. ② '갈증'은 '목이 말라 물을 마시고 싶은 느낌.'이므로 '수분을 보충한다.'는 내용이 알맞습니다.

04 ⑤ '수심'은 '물의 깊이'를 뜻하는 말이므로 '낮다', '얕다', '깊다' 등의 말과 어울립니다.

05 물놀이를 할 수 있는 환경과 시설이 갖춰진 바닷가를 '해수욕장'이라고 합니다.

06 바다는 수심을 알기 어렵고 갑자기 깊어지는 지점도 있다고 하였으므로 ①은 글의 내용과 다릅니다.

01 **1**－ⓒ **2**－ⓐ **3**－ⓑ
02 **2** ○
03 ①
04 **1** 토지 **2** 영토
05 광개토
06 **3** ×

01 **1** 명중 **2** 중앙 **3** 집중
02 백발백중
03 ①
04 **1** ×
05 **2** ○
06 ⑤

01 **1** '토지'는 사람들이 생활하고 활동하는 데 이용하는 땅.'의 뜻, **2** '영토'는 '국가의 통치권이 미치는 구역.', **3** '토요일'은 '월요일을 기준을 한 주의 여섯째 날.'을 뜻합니다.

02 두 문장의 빈칸에는 모두 '기초'를 뜻하는 낱말이 어울립니다. 따라서 '어떤 일이나 사물의 바탕이 되는 기초를 비유적으로 이르는 말인 '토대'가 알맞습니다.

03 '토지', '영토', '토대', '토요일'의 '토'는 모두 '흙'을 뜻합니다.

04 **1** 가뭄으로 인해 땅이 메말랐다는 뜻이므로, 사람들이 생활하고 활동하는 데 이용하는 땅.'의 뜻을 가진 '토지'가 들어가야 자연스럽습니다. **2** 두 나라가 국가의 통치권이 미치는 구역을 넓히기 위해 전쟁을 했다는 뜻이므로, '영토'가 알맞습니다.

05 고구려의 19대 왕인 광개토 대왕에 대해 쓴 글입니다.

06 백제가 고구려를 침입했고, 백제를 물리치고 한강 너머까지 고구려가 영토를 차지했다는 내용을 통해 고구려와 백제의 사이가 좋지 않았음을 알 수 있습니다. 따라서 **3**은 글의 내용으로 맞지 않습니다.

01 **1** '겨냥한 곳에 바로 맞음'의 뜻을 가진 낱말은 '명중', **2** '사방의 중심이 되는 한가운데'는 '중앙', **3** '한 가지 일에 모든 힘을 쏟아부음.'은 '집중'입니다.

02 그림에서 과녁의 중앙에 화살이 여러 개 꽂혀 있습니다. '백 번 쏘아 백 번 맞힌다.'는 뜻의 '백발백중'이 그림에 알맞은 낱말입니다.

03 벽의 가운데라고 하였으므로, '사방의 중심이 되는 한가운데'를 뜻하는 '중앙'이 빈칸에 들어갈 알맞은 낱말입니다.

04 밑줄 친 낱말 중에서 '가운데 중(中)'이 쓰인 낱말은 '명중'과 '집중'입니다. '소중한'은 '무거울 중(重)'이 쓰인 낱말로, '매우 귀중하다.'는 뜻입니다.

05 그림 중에서 활을 사용하여 과녁을 맞히는 양궁은 **2**입니다. **1**은 화살을 던져 통 안에 넣는 투호 놀이, **3**은 총을 사용하여 과녁을 맞히는 사격입니다.

06 우리나라 양궁 선수들은 어떤 환경에서도 백발백중할 수 있도록, 일부러 시끄러운 소음이 있는 곳에서나 비가 내리고 바람이 부는 장소에서 훈련을 합니다. 따라서 조용한 곳에서만 훈련한다는 ⑤는 글의 내용과 일치하지 않습니다.

어휘 다지기 ⓴일 본문 88~89쪽

01 ❶-㉠ ❷-㉡ ❸-㉢
02 외국인
03 ❶ 야외 ❷ 외출
04 내외
05 ⑤
06 ❶ ○

01 ❶ '야외'는 '집의 바깥.', ❷ '외출'은 '잠시 밖으로 나감.', ❸ '내외'는 '안과 밖을 아울러 이르는 말.' 입니다.

02 그림 속 남자는 한국에 여행을 하러 온 독일인인 것을 알 수 있습니다. 독일은 외국이므로 '외국인' 이 알맞은 낱말입니다.

03 ❶ 바람이 시원하게 부는 날에 바깥을 걸으면 기분이 좋아진다는 내용의 문장이므로, '집의 바깥. 마을에서 조금 멀리 떨어져 있는 들판.'을 뜻하는 '야외'가 알맞은 낱말입니다. ❷ 아버지께서 밖에 나가기 전에 안아 주신다고 하는 것이 자연스러우므로, '잠시 밖으로 나감.'을 뜻하는 '외출'이 알맞은 낱말입니다.

04 '안과 밖을 아울러 이르는 말.', '약간 덜하거나 넘음.', '남자와 여자', '부부', '친인척 관계에서 아버지 편과 어머니 편을 아울러 이르는 말'이라는 뜻이 있는 '내외'가 알맞은 낱말입니다.

05 너무 더운 곳에 있으면 체온이 갑자기 높아진다고 했기 때문에 ⑤는 글의 내용과 일치하지 않습니다.

06 글에서 우리 몸은 체온을 일정하게 유지하는 능력이 있지만, 지나치게 더울 때는 체온이 갑자기 높아지게 되어 몸에 이상이 생길 수 있다고 했으므로 준서는 글의 내용을 잘 이해하지 못했습니다. 하율이는 글의 내용대로 더운 날씨에 야외 활동을 한다면, 물을 많이 마셔야 한다고 말하고 있습니다.

어휘 굳히기 ⓰~⓴일 본문 90~91쪽

01 ❶ ㉠ ❷ ㉢ ❸ ㉡
02 ❶ 해수욕장 ❷ 외국인
03 ❶ 영토 ❷ 집중 ❸ 수심
04 백발백중

[어휘 놀이터]

사막여우

01 ❶ '수분'은 '축축한 물의 기운.'을 뜻합니다. ❷ '명중'은 '겨냥한 곳에 바로 맞음.', ❸ '외출'은 '잠시 밖으로 나감.'이라는 뜻입니다.

02 ❶ 해수욕을 할 수 있는 환경과 시설이 갖추어진 바닷가의 그림이므로 '해수욕장'입니다. ❷ 독일에서 여행을 와 인사하는 외국인 그림이므로 '외국인'이 알맞은 낱말입니다.

03 ❶ 독도는 우리나라의 통치권이 미치는 구역이므로 '영토'가 들어가야 합니다. ❷ 영화를 보느라 엄마가 부르는 소리를 듣지 못했다는 내용이므로 '한 가지 일에 모든 힘을 쏟아부음.'의 뜻을 가진 '집중'이 들어가야 합니다. ❸ 잠수부들이 바다 깊은 곳까지 들어갔다는 내용이므로 '수심'이 알맞습니다.

04 '백 번 쏘아 백 번 맞힌다.'라는 뜻을 가진 낱말은 '백발백중'입니다.

01 **1** 북상 **2** 북풍 **3** 북극성
02 강북
03 **1** 북풍 **2** 북상
04 ⑤
05 **1** ○
06 ②

01 ③
02 풍년
03 **1** 내년 **2** 청소년
04 **1** 내년 **2** 연말 **3** 풍년
05 ①
06 ③

---

01 '북쪽을 향하여 올라감.'을 '북상'이라 하며, '북쪽에서 불어오는 바람.'을 '북풍', '작은곰자리에서 가장 밝은 별.'을 북극성이라고 합니다.

02 강의 남쪽 지역을 '강남', 강의 북쪽 지역을 '강북'이라고 합니다. 지도에서는 위쪽이 북쪽에 해당합니다.

03 **1**에서는 '불어오는'이라는 말을 통해 앞에 '바람'이라는 의미가 있는 '북풍'이 들어가야 알맞음을 알 수 있습니다. **2**에서는 남쪽에 있던 적군들이 빠르게 북쪽으로 올라온다는 의미의 '북상'이 들어가야 문장이 어울립니다.

04 북극성은 북쪽 하늘에서 위치가 변하지 않는 가장 밝은 별 중 하나이기 때문에 예로부터 항해할 때 길잡이로 사용되었습니다. 따라서 이 대화에서도 방향을 잃은 사람들이 밝게 빛나는 북극성을 보고 방향을 찾았을 것입니다.

05 6·25 전쟁 때, 전 세계 63개국의 나라가 UN군으로 참전해 우리나라를 도왔다고 하였습니다.

06 미군이 중공군과 맞붙은 '장진호 전투'는 인류 역사상 가장 추운 곳에서 발생한 전투로 알려져 있습니다.

---

01 '한 해의 마지막 무렵'을 뜻하는 말은 '연말'입니다. '연초'는 '새해의 첫머리.', '연중'과 '연간'은 '한 해 동안.'을 뜻하는 말이며, '내년'은 '올해의 바로 다음 해.'를 뜻합니다.

02 곡식이 잘 자라고 잘 여물어 평년보다 수확이 많은 해를 '풍년'이라고 합니다. '흉년'은 농작물이 예년에 비하여 잘되지 아니하여 굶주리게 된 해를 말합니다. 두 낱말은 뜻이 서로 반대되는 낱말입니다.

03 **1**에는 올해의 다음 해를 뜻하는 '내년'이 들어가야 어울리며, **2**에는 청년과 소년을 아울러 이르는 말로, 보통 19세 미만인 사람을 이르는 '청소년'이 들어가야 문장이 어울립니다.

04 **1**에는 다음 해를 뜻하는 '내년'이, **2**에는 한 해의 마지막 무렵을 뜻하는 '연말'이, **3**에는 곡식이 잘 자라고 잘 여물어 평년보다 수확이 많은 해를 뜻하는 '풍년'이 들어가야 알맞습니다.

05 농민들은 올해 풍년이 들어서 함박웃음을 지었습니다.

06 올해는 태풍이 모두 우리나라를 비껴가서 농작물의 피해가 거의 없었다고 하였습니다.

어휘 다지기 ㉓일

본문 102~103쪽

01 ❷ ○
02 사육신
03 ❷ ×
04 ④
05 ②
06 ②

01 십의 여섯 배가 되는 수를 '육십'이라고 합니다.

02 조선 세조 2년에 단종의 복위를 꾀하다가 처형된 여섯 명의 충신인 이개, 하위지, 유성원, 성삼문, 유응부, 박팽년을 '사육신'이라고 합니다.

03 '육감'과 '육각형'의 '육'은 모두 '여섯 육(六)'을 쓰지만, '정육점'은 '쇠고기, 돼지고기 따위를 파는 가게.'를 뜻하는 말로, '고기 육(肉)' 자를 씁니다.

04 ④에서 '육감'은 '감각 기관으로 알 수 없거나 설명하지는 못하지만 어떤 사물이나 일에 대해 곧바로 느껴서 알아차림.'의 뜻입니다. 멀리 있는 글씨도 잘 보고 읽는 능력은 '육감'이 아닌 시력이 좋다는 것을 의미합니다.

05 사육신은 단종을 다시 왕으로 세우려고 하였습니다.

06 사육신비는 육각형 모양으로 사육신의 이름이 한 면씩 기록되어 있습니다. 사육신비는 노량진에 세워져 있고 충절을 지킨 사육신을 기리는 비입니다.

어휘 다지기 ㉔일

본문 106~107쪽

01 ❸ ○
02 ③
03 ❶ 기부금 ❷ 상금
04 ①
05 ②
06 ②, ⑤

01 '금색'은 황금과 같이 광택이 나는 누런색이므로 금색 잔은 ❸입니다. ❶은 투명 잔, ❷는 은색 잔에 해당합니다.

02 "황금 보기를 돌같이 하라."는 최영 장군의 말로 유명한데, 실제로는 최영 장군의 아버지가 한 말이며, 재물에 욕심을 부리지 말고 청렴하게 살아야 한다는 뜻입니다.

03 ❶에는 자선 사업이나 공공사업을 돕기 위하여 대가 없이 내놓은 돈을 뜻하는 '기부금'이, ❷에는 선행이나 업적에 대하여 격려하기 위하여 주는 돈인 '상금'이 들어가야 알맞습니다.

04 '상금, 기부금, 후원금'의 '금'은 모두 '돈'의 의미로 쓰였습니다. '상금'은 '선행이나 업적에 대하여 격려하기 위하여 주는 돈.'을, '기부금'은 '자선 사업이나 공공사업을 돕기 위하여 대가 없이 내놓은 돈.'을 뜻하며, 후원금은 '개인이나 단체의 활동, 사업 따위를 돕기 위한 기부금.'을 뜻합니다.

05 남자는 강아지와 산책하다 숲의 땅속에서 황금 불상을 발견하였습니다.

06 남자는 발견한 유물을 문화재청에 신고했고, 문화재청에서 감사의 의미로 상금을 수여하자, 받은 상금을 유기견 보호소에 기부하였습니다.

01 장군
02 2 ○
03 1 ×
04 ⑤
05 2 ○
06 ③

01 1-ⓒ 2-ⓛ 3-㉠
02 1 상금 2 장군
03 1 기부금 2 강북 3 연말
04 ②

[어휘 놀이터]

북상, 풍년, 육각형, 기부금

01 이순신, 강감찬, 을지문덕은 모두 다른 나라의 침략으로부터 우리나라를 지킨 위대한 장군입니다. 을지문덕은 고구려의 장군으로 살수 대첩에서 당나라 대군을 물리쳤고, 강감찬은 고려의 장군으로 거란이 침략했을 때 귀주 대첩에서 승리했습니다. 이순신은 임진왜란 당시 조선 수군을 이끌고 수많은 승리를 거두었습니다.

02 해군은 주로 바다에서 공격과 방어의 임무를 수행하는 군대입니다.

03 '군주(君主)'는 대대로 이어서 나라를 다스리는 최고 지위에 있는 사람을 가리키는 말로, '군주'의 '군(君)'은 '임금 군'입니다.

04 둘 이상의 나라가 연합하여 구성한 군대를 '연합군'이라고 합니다.

05 아빠는 바다를 지키는 해군이라고 하였습니다.

06 아빠는 이미 해군 장교이며, '나'는 나중에 아빠가 해군 최고의 장군이 되시면 좋겠다고 하였습니다.

01 '육감'은 '감각 기관으로 알 수 없거나 설명하지는 못하지만 어떤 사물이나 일에 대해 곧바로 느껴서 알아차림.'이라는 뜻을 갖고 있습니다. '풍년'은 '곡식이 잘 자라고 잘 여물어 평년보다 수확이 많은 해.'를 뜻하며, '연합군'은 '전쟁에서 둘 이상의 국가가 연합하여 구성한 군대.'를 뜻합니다.

02 그림 1은 대회에서 우승하여 선행이나 업적에 대하여 격려하기 위하여 주는 돈인 '상금'을 받은 것으로 보입니다. 그림 2는 이순신 장군의 모습입니다.

03 1에는 '자선 사업이나 공공사업을 돕기 위하여 대가 없이 내놓은 돈.'을 뜻하는 '기부금'이 들어가야 어울리고, 2에는 '강의 북쪽 지역.'을 뜻하는 '강북'이 들어가야 어울립니다. 3에는 '한 해의 마지막 무렵.'을 뜻하는 말인 '연말'이 들어가야 어울립니다.

04 '해군'은 주로 바다에서 공격과 방어의 임무를 수행하는 군대입니다. 따라서 숲속에서 해군들의 치열한 전투가 벌어졌다는 문장은 어색합니다.

[어휘 놀이터]

첫 번째 장면으로 보아 올해는 태풍이 우리나라 쪽으로 북상하지 않고 일본 쪽으로 빠져나갔음을 알 수 있습니다. 두 번째 장면에서는 농촌에 풍년이 들었음을 알 수 있고, 세 번째 장면에서는 육각형 모양의 벌집을 볼 수 있습니다. 마지막 장면에서는 마을 주민들이 어려운 이웃을 돕기 위해 기부금을 전달하기로 하였음을 알 수 있습니다.

어휘 다지기 26 일
본문 116~117쪽

01 구미호
02 1 구만리 2 십중팔구
03 2 ×
04 1 십중팔구 2 구만리
05 ㉡ - ㉢ - ㉠ - ㉣
06 ⑤

어휘 다지기 27 일
본문 120~121쪽

01 1 ○
02 이재민
03 ⑤
04 1 농민 2 민족 3 이재민
05 ④
06 ①, ⑤

---

01 꼬리가 아홉 개 달린 여우인 '구미호'의 모습입니다.

02 아득하게 먼 거리를 비유적으로 이르는 말은 '구만리'이며, 열 가운데 여덟이나 아홉 정도로 거의 대부분이거나 거의 틀림없음을 뜻하는 말은 '십중팔구'입니다.

03 '구구단'과 '구만리'의 '구'는 모두 '아홉 구(九)'이며, '식구'의 '구'는 '입 구(口)'입니다. '식구'는 '한집에서 함께 살면서 끼니를 같이하는 사람.'을 뜻하는 말입니다.

04 늦잠을 자면 십중팔구 지각을 합니다. 1 에는 '열 가운데 여덟이나 아홉 정도로 거의 대부분이거나 거의 틀림없음.'을 뜻하는 '십중팔구'가 들어가야 어울립니다. 2 에는 아득하게 먼 거리를 비유적으로 이르는 말인 '구만리'가 들어가야 어울립니다.

05 구미호와 총각이 사랑에 빠져 결혼하였는데, 마을 사람들이 구미호의 정체를 알게 되어 구미호를 쫓아냈습니다. 쫓겨난 구미호는 앙심을 품고 산속에 숨어 지내며 지나가는 사람들을 홀렸습니다.

06 마을 사람들은 구미호에게 홀리지 않으려고 큰 소리로 구구단을 외며 산을 넘곤 하였습니다.

01 '농민'은 '농사짓는 일을 생업으로 삼는 사람.'을 뜻하고, '민심'은 '백성의 마음.'을 뜻하며, '이재민'은 '재해를 입은 사람.'을 뜻하는 말입니다.

02 지진으로 집을 잃은 사람들은 재해를 입은 사람을 뜻하는 '이재민'에 해당합니다.

03 '민족, 민심, 농민, 이재민'의 '민'은 모두 '백성 민(民)'을 씁니다. 그러나 '민달팽이'의 '민'은 '꾸미거나 딸린 것이 없는'의 뜻을 더해 주는 말로 순우리말입니다. '민달팽이'는 우리가 흔히 달팽이집이라고 말하는 껍데기가 없는 달팽이를 말합니다.

04 1 에는 농사짓는 일을 생업으로 삼는 사람을 뜻하는 '농민'이 들어가야 어울리고, 2 에는 일정한 지역에서 오랜 세월 동안 함께 생활하면서 같은 언어와 문화를 공유하며 역사적으로 형성된 사회 집단을 뜻하는 '민족'이 들어가야 어울립니다. 3 에는 재해를 입은 사람을 뜻하는 '이재민'이 들어가야 어울립니다.

05 ④는 6·25 전쟁 당시가 아니라 여름에 수해가 발생할 때 겪는 어려움에 해당합니다.

06 이 글에서 우리 민족이 겪은 어려움으로 6·25 전쟁과 수해를 이야기했습니다.

어휘 다지기 28일

본문 124~125쪽

01 ④
02 1 - ㉠ 2 - ㉢ 3 - ㉡
03 국내
04 ⑤
05 2 ○
06 ③

01 '국어, 국내, 외국, 애국심'의 '국'은 모두 '나라 국(國)'을 쓰지만, '국물'의 '국'은 '고기, 생선, 채소 따위에 물을 많이 붓고 간을 맞추어 끓인 음식.'을 뜻하는 순우리말입니다.

02 '국어'는 '한 나라의 국민이 쓰는 말.'을 뜻하고, '외국'은 '자기 나라가 아닌 다른 나라.'를, '애국심'은 '자기 나라를 사랑하는 마음.'을 뜻하는 말입니다.

03 빈칸에는 '나라의 안.'이라는 뜻의 '국내'가 들어가야 알맞습니다.

04 학생들이 학교 화단을 가꾸는 일은 나라를 사랑하는 마음보다는 학교를 사랑하는 마음인 '애교심'으로 가꾸는 것입니다.

05 할아버지 칠순을 맞아 고모가 살고 계신 미국으로 여행을 떠났습니다.

06 '나'는 미국에서 우리나라 애국가가 울려 퍼지는 것을 들으니 가슴이 뭉클하며 애국심이 솟아올랐다고 하였습니다.

어휘 다지기 29일

본문 128~129쪽

01 1 - ㉡ 2 - ㉢ 3 - ㉠
02 교과서
03 ⑤
04 1 교실 2 설교 3 교훈
05 2 ○
06 ⑤

01 '교훈'은 '앞으로의 행동이나 생활에 지침이 될 만한 것을 가르침. 또는 그런 가르침.'을, '설교'는 '어떤 일의 견해나 관점을 다른 사람이 수긍하도록 단단히 타일러서 가르침. 또는 그런 가르침.'을, '교실'은 '유치원, 초등학교, 중·고등학교에서 학습 활동이 이루어지는 방.'을 뜻합니다.

02 그림은 학교에서 교과 과정에 따라 주된 교재로 사용하기 위하여 편찬한 책인 '교과서'의 모습입니다.

03 '교실, 교훈, 설교, 교육'의 '교'는 모두 '가르치다'는 뜻의 '가르칠 교(敎)'를 씁니다.

04 1에는 학교에서 학습 활동이 이루어지는 방을 뜻하는 '교실'이 들어가야 알맞고, 2에는 어떤 일의 견해나 관점을 다른 사람이 수긍하도록 단단히 가르침을 뜻하는 '설교'가 들어가야 알맞습니다. 3에는 앞으로의 행동이나 생활에 지침이 될 만한 것을 가르침을 뜻하는 '교훈'이 들어가야 알맞습니다.

05 진우의 국어책은 진우 짝꿍인 주아의 책상 서랍에서 발견되었습니다.

06 진우는 국어책을 잃어버렸다가 짝꿍의 책상 서랍에서 찾은 일을 계기로 자기 물건을 아무 데나 두지 말고 바로바로 정리해야겠다는 교훈을 얻었습니다.

어휘 다지기 30일
본문 132~133쪽

01 1 등교 2 교복 3 고등학교
02 하교
03 ④
04 ①
05 3 ○
06 ⑤

어휘 굳히기 26~30일
본문 134~135쪽

01 1 국어 2 구사일생 3 민족
02 ③
03 1 반면교사 2 구만리 3 애국심
04 1-ⓒ 2-㉠ 3-ⓛ

[어휘 놀이터]

구미호 → 이재민 → 교과서 → 교복

---

01 '학생이 학교에 감.'을 뜻하는 낱말은 '등교'이며, '학교에서 학생들이 입도록 정한 제복.'은 '교복'입니다. '중학교를 졸업한 사람에게 고등 보통 교육과 실업 교육을 실시하는 학교.'는 '고등학교'입니다.

02 공부를 끝내고 학교에서 집으로 돌아오는 모습이므로 '하교'가 알맞습니다. '등교'와 '하교'는 뜻이 서로 반대되는 낱말입니다.

03 '등교, 하교, 교복, 초등학교'는 모두 '학교 교(校)'를 쓰지만, '교통'은 '사귈 교(交)'를 씁니다. '교통'은 '자동차·기차·배·비행기 따위를 이용하여 사람이 오고 가거나, 짐을 실어 나르는 일.'을 말합니다.

04 '등교'는 '학생이 학교에 감.'을 뜻하는 낱말입니다. ①에서 학원에 가는 것은 '등원'이란 낱말을 사용해야 합니다.

05 교복을 입는 것을 찬성하는 입장과 반대하는 입장의 주장을 통해 교복의 좋은 점과 나쁜 점을 알 수 있습니다.

06 ⑤에서 옷차림에 신경을 덜 써서 공부에 집중할 수 있다는 것은 교복을 입는 것에 찬성하는 까닭에 해당합니다.

01 '한 나라의 국민이 쓰는 말.'을 '국어'라 하며, '아홉 번 죽을 뻔하다 한 번 살아난다는 뜻으로, 죽을 고비를 여러 차례 넘기고 겨우 살아남을 이르는 말.'은 '구사일생'입니다. '일정한 지역에서 오랜 세월 동안 함께 생활하면서 같은 언어와 문화를 공유하며 역사적으로 형성된 사회 집단.'을 뜻하는 말은 '민족'입니다.

02 '학교에 감.'을 뜻하는 '등교'와 '공부를 끝내고 학교에서 집으로 돌아옴.'을 뜻하는 '하교'가 뜻이 서로 반대됩니다.

03 1에는 '사람이나 사물 따위의 부정적인 면에서 얻는 깨달음이나 가르침을 주는 대상을 이르는 말.'인 '반면교사'가 들어가야 어울립니다. 2에는 '아득하게 먼 거리를 비유적으로 이르는 말.'인 '구만리'가, 3에는 '자기 나라를 사랑하는 마음.'을 뜻하는 '애국심'이 들어가야 어울립니다.

04 1에는 '열 가운데 여덟이나 아홉 정도로 거의 대부분이거나 거의 틀림없음.'을 뜻하는 '십중팔구'가, 2에는 '앞으로의 행동이나 생활에 지침이 될 만한 것을 가르침. 또는 그런 가르침.'을 뜻하는 '교훈'이 들어가야 어울립니다. 3에는 '나라의 안.'을 뜻하는 '국내'가 들어가야 어울립니다.

[어휘 놀이터]

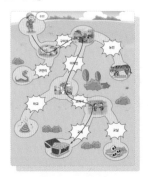

초등 한자 어휘

2단계

초등 1~2학년 권장

정답과 해설

EBS와 함께하는 자기주도 학습 초등·중학 교재 로드맵

		예비 초등	1학년	2학년	3학년	4학년	5학년	6학년
전과목 기본서/평가			BEST **만점왕** 국어/수학/사회/과학 교과서 중심 초등 기본서			**만점왕 통합본** 학기별(8책) HOT 바쁜 초등학생을 위한 국어·사회·과학 압축본		
			만점왕 단원평가 학기별(8책) 한 권으로 학교 단원평가 대비					
			기초학력 진단평가 초2~중2 초2부터 중2까지 기초학력 진단평가 대비					
국어	독해		**4주 완성 독해력** 1~6단계 학년별 교과 연계 단기 독해 학습					
	문학							
	문법							
	어휘		**어휘가 독해다!** 초등 국어 어휘 1~2단계 1, 2학년 교과서 필수 낱말 + 읽기 학습		**어휘가 독해다!** 초등 국어 어휘 기본 3, 4학년 교과서 필수 낱말 + 읽기 학습		**어휘가 독해다!** 초등 국어 어휘 실력 5, 6학년 교과서 필수 낱말 + 읽기 학습	
	한자		**참 쉬운 급수 한자** 8급/7급 II/7급 한자능력검정시험 대비 급수별 학습	**어휘가 독해다!** 초등 한자 어휘 1~4단계 하루 1개 한자 학습을 통한 어휘 + 독해 학습				
	쓰기		**참 쉬운 글쓰기** 1 - 따라 쓰는 글쓰기 맞춤법·받아쓰기로 시작하는 기초 글쓰기 연습		**참 쉬운 글쓰기** 2-문법에 맞는 글쓰기/3-목적에 맞는 글쓰기 초등학생에게 꼭 필요한 기초 글쓰기 연습			
	문해력		**어휘/쓰기/ERI독해/배경지식/디지털독해가 문해력이다** 평생을 살아가는 힘, 문해력을 키우는 학기별 · 단계별 종합 학습				**문해력 등급 평가** 초1~중1 내 문해력 수준을 확인하는 등급 평가	
영어	독해	EBS ELT 시리즈	권장 학년 : 유아 ~ 중1			**EBS랑 홈스쿨 초등 영독해** Level 1~3 다양한 부가 자료가 있는 단계별 영독해 학습			
		EBS Big Cat **Collins BIG CAT** 다양한 스토리를 통한 영어 리딩 실력 향상				**EBS 기초 영독해** 중학 영어 내신 만점을 위한 첫 영독해	
	문법	EBS Big Cat **SHINOY CHAOS CREW** Shinoy and the Chaos Crew 흥미롭고 몰입감 있는 스토리를 통한 풍부한 영어 독서			**EBS랑 홈스쿨 초등 영문법** 1~2 다양한 부가 자료가 있는 단계별 영문법 학습			
						EBS 기초 영문법 1~2 HOT 중학 영어 내신 만점을 위한 첫 영문법	
	어휘	EBS easy learning **easy learning** First letters 저연령 학습자를 위한 기초 영어 프로그램			**EBS랑 홈스쿨 초등 필수 영단어** Level 1~2 다양한 부가 자료가 있는 단계별 영단어 테마 연상 종합 학습			
	쓰기							
	듣기				**초등 영어듣기평가 완벽대비** 학기별(8책) 듣기 + 받아쓰기 + 말하기 All in One 학습서			
수학	연산	**만점왕 연산** Pre 1~2단계, 1~12단계 과학적 연산 방법을 통한 계산력 훈련						
	개념							
	응용		**만점왕 수학 플러스** 학기별(12책) 교과서 중심 기본 + 응용 문제					
	심화					**만점왕 수학 고난도** 학기별(6책) 상위권 학생을 위한 초등 고난도 문제집		
	특화	**초등 수해력** 영역별 P단계, 1~6단계(14책) 다음 학년 수학이 쉬워지는 영역별 초등 수학 특화 학습서						
사회	사회 역사			**초등학생을 위한 多담은 한국사 연표** 연표로 흐름을 잡는 한국사 학습				
				매일 쉬운 스토리 한국사 1~2/**스토리 한국사** 1~2 하루 한 주제를 이야기로 배우는 한국사/ 고학년 사회 학습 입문서				
과학	과학							
기타	창체		**창의체험 탐구생활** 1~12권 창의력을 키우는 창의체험활동·탐구					
	AI		**쉽게 배우는 초등 AI** 1(1~2학년) 초등 교과와 융합한 초등 1~2학년 인공지능 입문서		**쉽게 배우는 초등 AI** 2(3~4학년) 초등 교과와 융합한 초등 3~4학년 인공지능 입문서		**쉽게 배우는 초등 AI** 3(5~6학년) 초등 교과와 융합한 초등 5~6학년 인공지능 입문서	